世界の魔王 INDEX

ヨーロッパの魔王
- クロノス ……………………… 16
- テュポン ……………………… 18
- エリニュス …………………… 20
- サタン ………………………… 22
- ルシファー …………………… 26
- ベルゼブブ …………………… 28
- 黙示録の獣 …………………… 32
- ウートガルザ・ロキ ………… 34
- ロウヒ ………………………… 36
- バロール ……………………… 38
- メイヴ ………………………… 40
- ヤルダバオート ……………… 42

創作の魔王
- マラコーダ …………………… 104
- シューベルトの魔王 ………… 106
- ニャルラトホテプ …………… 108
- モルゴス ……………………… 110

南北アメリカの魔王
- テスカトリポカ ……………… 96
- ツィツィミトル ……………… 98
- フン・カメーとヴクブ・カメー … 100

アジアの魔王
- ヴリトラ ……………………… 68
- ラーヴァナ …………………… 70
- 閻魔(えんま) ………………… 72
- マーラ ………………………… 74
- 第六天魔王波旬(だいろくてんまおうはじゅん) … 76
- 蚩尤(しゆう) ………………… 78
- 太歳星君(たいさいせいくん) … 80
- イザナミ ……………………… 82
- 酒呑童子(しゅてんどうじ) … 84
- 大嶽丸(おおたけまる) ……… 86
- 崇徳上皇 ……………………… 88
- 平 将門(たいらのまさかど) … 90
- パヨカカムイ ………………… 92

中東、アフリカの魔王
- イブリース …………………… 46
- イフリート …………………… 48
- ティアマト …………………… 50
- モート ………………………… 52
- エレシュキガル ……………… 54
- パズズ ………………………… 56
- アンラ・マンユ ……………… 58
- アジ・ダハーカ ……………… 62
- アペプ ………………………… 64

はじめに

　マンガや小説などのさまざまな物語で、多数の魔物をしたがえて主人公の前に立ちはだかる強大な魔王。勇者たる主人公と魔王の戦いに、私たちは子供のころから胸を躍らせてきました。

　この「魔王」の源流は、世界の神話伝承にあります。
　キリスト教の偉大な悪魔であるサタンをはじめ、ルシファー、ベルゼブブ、ヴリトラなど……善なる者の前に立ちはだかる強大な「悪」。それは人類が文学を生み出して以来、普遍的かつ魅力的なテーマとして世界中で語り継がれてきたのです。

　この「萌える！魔王事典」のテーマは、世界の神話伝承に登場する魔王たちです。
　本書では、定義のあいまいな言葉である「魔王」に本書独自の選定基準を設けました。その基準にあてはまる存在を世界の神話伝承から選び出し、41組42体の魔王を紹介しています。
　「萌える！事典シリーズ」のコンセプトにのっとり、収録するイラストはすべて女性の魔王として描かれています。悪の権化として世界の人々から恐れられた魔王たちの、新たな魅力を楽しんでください。

　巻末の解説パートでは、魔王を生みだした概念「悪」と「死」に注目。
　表面的には理解していても、その本質を知っている人はほとんどいないであろう「悪」という概念がどのように生まれ育ったのか、神話の視点から徹底的に解説します。

　この「萌える！魔王事典」は、物語の悪役を今まで以上に楽しむための、必携の一冊に仕上がりました。
　ぜひこの本を片手に、魔王たちの新たな魅力を楽しんでください！

凡例と注意点

凡例
　本文内で特殊なカッコが使われている場合、以下のような意味を持ちます。
・『　』……原典となっている資料の名前
・《　》……原典を解説している書籍の名前

魔王の固有名詞について
　この本に登場する魔王の固有名詞に複数の表記法がある場合、使用頻度の高い表記法、権威のある表記法を使用します。そのため、みなさんが知っている名前と若干違う形で、魔王が紹介されることがあります。

案内役のご紹介！

読者のみなさんを魔王たちの領域に招待する、4人の案内役をご紹介！

あっ、ハニエルー！ グレモリー！ たすけるのだー！
なんかまためんどいことになってるのだ～！

おー、メシアちゃんどうしたんだ？
なんか真っ黒い姉ちゃん連れてるけど。

ふむ、この翼つきたちはお前の友人か？
まあいい、ちょうどいい機会だ、お前たちにも伝えておこう。我はかつてこの星に魔王として君臨した者。このメシアを新たなる魔王に指名する！

魔王？ ……魔王‼ おおっ、そりゃいい話じゃないか！
闇のメシアになるメシアちゃんにはぴったりの称号だよ。ありがとなー姉さん、そういうことならこの悪魔グレモリーも応援しちゃうぜ！

こらー！
グレモリー！ なんでよろこんでるのだ～‼

そうですよグレム！
メシアちゃん様は光のメシアになるんです！
魔王なんかになっちゃいけないんです～！

あふれんばかりの潜在魔力、
原石のように光るカリスマ、そして無限の可能性。
実にすばらしい素材を見つけたものだ。
さあメシアよ、この世界にふたたび
正義と活力をとりもどすため、
新たなる魔王となるがいい！

魔王

かつてこの惑星に魔王として君臨していた、ダークエルフ族の元女王。魔力、武力、カリスマと、支配者に求められる資質をすべて完璧に備える最強の魔王だった。わけあってしばらくこの惑星を離れていたが、ひさびさに帰還した惑星の堕落ぶりに怒り心頭。世界のために新しい魔王を生み出すべく、メシアに英才教育をほどこそうとしている。

> うー、ひかりとやみの次は、まおーなのだ。
> おべんきょーより遊ぶほうがたのしいから、
> さっさと帰ってほしいのだー。

メシア

2000年ぶりにあらわれたイエス・キリストの生まれ変わりの女の子。元気でお気楽だが勉強は大嫌い。キリスト教の天使と悪魔から、自分たちのメシアになってほしいと誘われ続けているが、適当に流しながら楽しい子供生活を送っている。

> メシアちゃんが魔王候補か〜。
> やっぱり悪魔のトップといえば
> 魔王だよな！
> 意外なところから
> 援軍到来って感じだぜ〜。

グレモリー

先代グレモリーから金の王冠を引き継ぎ、グレモリーを襲名した悪魔娘。もともとの名前はグレムといい、幼なじみのハニエルにはこの名で呼ばれている。メシアちゃんを「闇のメシア」に育てあげるのが役目で、ライバルのハニエルとはいつも衝突している。

> ええっ！？　なんで悪魔以外が
> メシアちゃん様に目を付けるんですか！？
> 帰ってください、メシアちゃん様は
> 「光のメシア」にならないと
> だめなんですよー！

ハニエル

愛の大天使「ハニエル」を襲名したばかりの女の子天使。元の名前はハニャエル。グレモリーとは1万年以上前に一緒に下積み時代を過ごした仲で、そのため「ハニャ天」と呼ばれる。メシアちゃんを「光のメシア」に育てるのが役目だが、意外な第三勢力の登場に焦りまくっている。

案内役たちの人物相関図

この「萌える！魔王事典」では、6ページで紹介した4人の案内役のほかに、4人のキャラクターがゲスト案内役として紹介します。彼女たちの人間関係を、過去の「萌える！事典シリーズ」での活躍とともに簡単に紹介します。

……本書に登場する案内役
……過去の「事典」に登場した案内役

以色えるは、オカルト大好きな中学二年生。自作の魔導書で召喚の儀式をしてみたら、なんと本物の悪魔アスタロトを召喚できちゃった！ ただの中学生が伝説のソロモン王の後継者となるまでの物語は、**「萌える！ソロモン72柱の魔神事典」**でチェック！

幼なじみの天使と悪魔、ハニエルとグレモリーの目的は、イエス・キリストの生まれ変わりである女の子「メシアちゃん」を、自陣営の新しいメシアに育てること！
3人の活躍は、**「萌える！悪魔事典」「萌える！天使事典」**でチェック！

故郷の村を魔王軍に焼かれた少女ペスカは、伝説の古文書を手に入れ、3人のしもべと魔王打倒の旅に出る！しかし出会った魔王は意外な性格で……？ペスカと魔王の活躍は、**「萌える！モンスター事典」**陸海天の三部作でチェック！

仏教を信じる徳の高い尼僧「三蔵法師」のインド行きの目的は、なんと「カレー」!? 孫悟空などお供の妖怪を引き連れ、おいしいインドカレーを求める旅の結末は**「萌える！中国妖怪事典」**でチェック！

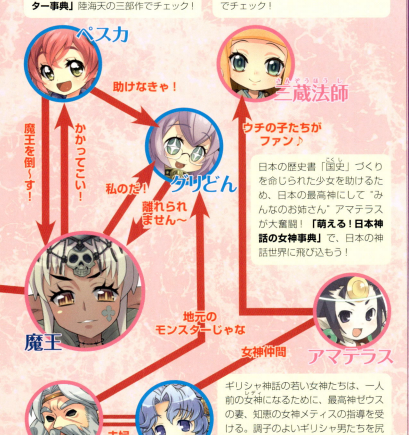

日本の歴史書「国史」づくりを命じられた少女を助けるため、日本の最高神にして"みんなのお姉さん"アマテラスが大奮闘！**「萌える！日本神話の女神事典」**で、日本の神話世界に飛び込もう！

ギリシャ神話の若い女神たちは、一人前の女神(レディ)になるために、最高神ゼウスの妻、知恵の女神メティスの指導を受ける。調子のよいギリシャ男たちを尻に敷く、賢く強い女神になれるのか？その結末は**「萌える！ギリシャ神話の女神事典」**でチェック！

ところで……魔王ってなんのこと?

さてメシアよ、わが魔王の座を継ぐべき者よ、最初に聞くが……。
お前は「魔王」というものが、どんな存在か知っているか?

しーらないのだー。

やだなあメシアちゃん。魔王って言ったら、我らがサタン様に決まってるよ!
すべての悪魔を従えて、神様にだってもの申す悪の権化!
うーん、サタン様みたいなかっこいい悪魔になりたいぜー!

「魔王=サタン」も間違いではないのだがな。
それでは魔王と称する私は何なのだということになってしまう。
まずは人間たちがどんな相手を「魔王」と呼んでいるのかを確認していこう。

「魔王」はもともと仏教用語

　もともと「魔王」は、仏教用語として生まれた単語です。
　インドで生まれた初期仏教の神話によれば、仏教の開祖ブッダが悟りを開くために瞑想中、マーラ（➡p74）という怪物がブッダの瞑想を妨害したといいます。
　仏教が中国に伝わると、マーラは「魔」という漢字で表記されました。これと前後して、マーラは仏教の天界「第六天」を支配する王となったため、「第六天魔王」の異名を得ました。この第六天魔王が省略されて「魔王」となったのです。

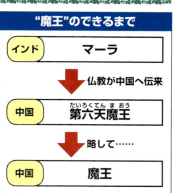

"魔王"のできるまで

インド	マーラ

⬇ 仏教が中国へ伝来

中国	第六天魔王（だいろくてんまおう）

⬇ 略して……

中国	魔王

ヨーロッパでは「ダークロード」

　ヨーロッパで悪の権化といえば、キリスト教の悪魔「サタン」が真っ先にイメージされます。このサタンの異名として、いつからか「Dark Lord」という呼び名が使われるようになっていました。

　20世紀になると、イギリスの作家J.R.R.トールキンの小説『ホビットの冒険』などで、強大な悪の首領が「Dark Lord」と呼ばれ、この表現が創作の世界で一般化しました。また、日本ではDark Lordのことを「魔王」と訳すようになりました。

悪のラスボス
＝ダークロード
＝魔王
ってことだな！

「魔王」の定義は？

　創作作品などで、超常の力を持つ強大な悪役を「Dark Lord」と呼ぶようになったのは、20世紀に入ってからです。このように歴史の浅い使い方なので、どのような存在を「ダークロード＝魔王」と呼ぶのか、明確な基準はありません。

　そこで本書では、世間一般の「魔王」についての認識を踏まえて、以下のどちらかの条件を満たす存在を「魔王」と呼ぶことにします。

**条件①……悪を体現する超常的な存在、
　　　　　または悪しき配下を従えている**

**条件②……死者を責め苦しめる死後の世界
　　　　　「地獄」の支配者である**

　この本では、上記のどちらかの条件を満たす41組42名の魔王を、魔王の存在が言い伝えられている地域別に分けて紹介します。

魔王と言っても十人十色でな、いろいろなタイプがいる。
次のページでは、魔王の特徴が一目でわかる、4種類の分類について説明しよう。

次のページへ！

4つのタイプで魔王を分析

魔王と言っても、人間に姿を見せず引きこもっている輩もいれば、地上をふらふらと遊び回っている輩もいる。千差万別だな。世間に存在する魔王たちを分類するため、私なりに4つの基準を定めている。

　本書では、11ページで説明した2種類の条件のどちらかを満たす存在であれば、すべて「魔王」であると考えます。
　各宗教、文化から集めた魔王たちの基本的な性質を一目でわかるようにするため、本書ではすべての魔王を、以下で説明する4つのタイプに分類しました。

4つのタイプで魔王を分析

宇宙の黒幕タイプ
地上だけ、世界ひとつだけでなく、宇宙全体に影響力をおよぼす強大な魔王です。

悪の概念タイプ
存在そのものが「悪」を体現する、悪という概念が神格化したような魔王です。

異界の統治者タイプ
人間が住む地上ではなく、地下世界や異界、地獄などに居をかまえる魔王です。

地上の覇者タイプ
人間が住む世界と同じ世界に領地を持ち、人間を攻撃し征服する魔王です。

例えば私は、人間が住む世界で魔物たちを従える、地上の覇者タイプということになる。これから紹介する魔王は、全員がこのどれかひとつに該当するのだ。なかにはふたつ以上の特徴を兼ね備えている魔王もいるぞ。

おおっ、ふたつあるのもいるのだ!?
「うちゅー」で「はしゃ」とかカッコイイのだ!

この本の読み方

これからメシアには、合計41組42名の魔王と会って、魔王のなんたるかを勉強してもらうことになるのだが……直接会う前に、相手がどのような人物なのかをあらかじめ知っておくのがマナーというものだ。私が用意した魔王データの読み方を教えておこう。

～データ欄の見方～

魔王の名前　　　　**属性アイコン**　12ページで説明した4つの属性のうち、この魔王に該当するアイコンが大きく強調して表示されます。

データ欄
- **欧文表記**……魔王の名前のアルファベット表記
- **別名**……異なる呼び名、あだ名など
- **出典**……魔王が登場する神話や文献名
- **出身地**……魔王の伝承がつくられた場所

いろんなまおーはかっこいいけど、そろそろおねむの時間なのだ。
朝のアニメをみるために、きょうだけはよふかししない日なのだー。
……というわけでおやすみなのだ。

そうか、それは残念だな。
一緒に魔王を見に行く気があるなら、私からはこれをやろうと思ったんだが。
（ことりと何かをテーブルに置く）

しゅわしゅわソーダ！　しゅわしゅわソーダにソフトクリームがのってるのだ！
歯をみがいたあとに甘いものを飲むなんて、すっごいわるい子なのだ！
うーっ、からだが勝手にしゅわしゅわをうけとっちゃうのだ〜♪

15ページから、魔王たちに会いにいこう！

萌える！魔王事典　目次

世界の魔王ＩＮＤＥＸ……2
はじめに……3
案内役のご紹介！……6
案内役たちの人物相関図……8
ところで……魔王ってなんのこと？……10
この本の読み方……13

ヨーロッパの魔王……15
中東、アフリカの魔王……45
アジアの魔王……67
南北アメリカの魔王……95
創作の魔王……103

魔王資料編①　魔王に見る！　世界の悪……113
　「悪」とは何か？……116
　くらべてみよう！　東西の魔王……124
魔王資料編②　魔王の住む！　地獄巡りの旅……131
　魔王のおうちはどんな場所？……132
　地獄って、どんな世界？……134
　地獄の魔王は邪悪なのか？……154

魔王の手先小事典……156

Column

なぜ「神」が「魔王」になったのか？……44
ソロモン72柱の魔神と"魔王"……66
魔王に会える！　日本の「魔王スポット」……94
どうしてこの人が「魔王」じゃないの？……102
特別ロングコラム　日本語の"悪"と"魔王"の起源……127
地獄を持たない宗教……153

ヨーロッパの魔王
Dark Lords in Europe

　悪の権化「Dark Lord」という単語を生み出し、魔王という概念をつくりあげたヨーロッパは、魔王の本場だといっても過言ではありません。この章ではキリスト教をはじめ、北欧神話、ギリシャ神話、ケルト神話など、ヨーロッパ各地の宗教と神話に登場する魔王を12体紹介します。

魔王といえば、この私、サタンのことだ。

Illustrated by とんぶぅ

サタン

クロノス

子殺しの邪道で天界を支配する

欧文表記：Kronos　出典：ギリシャ神話　出身地：古代地中海世界

引きずり降ろされた最高神の座

古代ギリシャの神話は、雷神ゼウスを最高神として崇め、ゼウスの子供たちや親族の神々が天界を支配していると教えている。だがゼウスは生まれながらの最高神ではなかった。彼の「神々の王」の座は、魔王のごとく恐れられたゼウスの父親、アダマスという鎌を持つ農耕神クロノスから奪い取ったものなのだ。

クロノスは、山よりも大きな身体を持つ巨人族「ティタン神族」の長である。彼は先代の王である父ウラノスに反発し、魔法の金属アダマスで作ら

アダマスの鎌を使い、父ウラノスの性器を切り取るクロノス（右側）。イタリア、ジョルジョ・ヴァザーリ画。

れた鎌で父の性器を切り取って去勢し、天界から追放して支配権を得た最高神だ。

このようにクーデターによって覇権を握ったクロノスであったが、ある日「自身の子によって支配権を奪われる」という予言を受けたことから、自身の子が産まれるたびにその子を飲み込むという非道な行為をはじめる。

クロノスの妻エアは、5人の子供を次々に飲み込まれて怒り心頭となった。彼女は6番目の子供ゼウスが生まれると、ゼウスを隠し、夫クロノスを倒すために教育したのである。クロノスは先に飲み込んでいた子供たちをゼウスに救出されると、ゼウス率いる神々との戦争に敗れ、深き奈落「タルタロス」に幽閉されたという。

その出自は先住の神か

古代ギリシャ語学・文学研究の権威である高津春繁は、クロノスは「ギリシャの先住民族の神」だと主張する。クロノス信仰には人間を生け贄に捧げる「人身御供」の習慣があったが、これは古代ギリシャ人には見られない風習で、また父親を去勢するという神話もギリシャ的ではない。つまりこれらの神話は、ゼウスを信仰する外来者がクロノスを信仰する先住民を打ち倒したあとに作ったのだという。

クロノスは時間の神だとされることもあるが、これは勘違いというやつだ。ギリシャにはたしかにクロノスという時間の神がいるが、ゼウスの父のクロノスとは若干発音が違う別人だ。まぎらわしいことだな。

ヨーロッパの魔王

大地母神の最終決戦型魔王
テュポン

欧文表記：Typhon　別名：テューポーン　出典：ギリシャ神話　出身地：ギリシャ

宇宙／概念／異界／覇者

ギリシャ神話の世界を支配しかけた魔王

　ギリシャ神話において、ゼウスを頂点とするオリュンポス十二神は、大戦争に勝利し天界の覇権を握った（➡p16）。だがゼウスたちも敗れたクロノスも、世界を創り出した大地母神ガイアの子孫なのだ。ガイアは我が子クロノスらを傷つけた孫のゼウスに怒りを覚え、最後の子を産む。それがギリシャ最強最大の怪物テュポンだ。

　テュポンはガイアと、奈落そのものである神タルタロスの子である。その身体はあまりに巨大で、夜空の星々に頭が届き、手を伸ばせば世界の左右を掴めるほどであった。肩には百のヘビの頭が生えており、このヘビたちは各々が火炎を放ち、凄まじい声で吠える。また頭から膝までは人間と同じ形なのだが、その下からは毒ヘビがとぐろを巻いており、どれだけ動いても疲れなかった。ほかにも腕力は山を投げ飛ばせるほど強く、口からは溶岩を噴き出せたという。

壺に描かれたテュポンの絵。紀元前5世紀ごろのもの。ミュンヘン州立古代美術博物館蔵。

　この巨大すぎる怪物テュポンは不死のエキドナと交わり、数多くの怪物を産み、彼らを率いてゼウスたちに戦いを挑んだ。恐怖のあまり逃げ出した神もいるなか、ゼウスは単騎で立ち向かい、雷と炎の飛び交う、文字通り世界を揺るがす激しい戦いに勝利する。そしてテュポンを奈落タルタロスに投げ込んで幽閉し、これによってゼウスたちの天界の支配権は確立されたのである。

英語に残るテュポンの痕跡

　英語で台風を意味する「タイフーン（Typhoon）」という単語は、このテュポンに由来する、という説がある。タイフーンにギリシャ式の表記が取り入れられる前の英語のつづりは「Touffon」だった。ここから現在の「Typhoon」につづりが変化するときに、テュポンの名前が参考にされたのかもしれない。

ここはギリシャの活火山、エトナ山。テュポンさんはゼウスが投げつけたこの山に潰されて、下敷きになったまま今も生きてるって話だぜ。おっと、噴火だ噴火。これはテュポンさんが苦しくて吐いた溶岩だなー。

その名を恐れよ、恐怖の女魔王
エリニュス

欧文表記：Erinyes　別名：エリーニュース、フリアイ、ディライ、フューリー
出典：ギリシャ神話　出身地：ギリシャ

宇宙／異名／覇者／異界

ヨーロッパの魔王

名前を呼ぶのもはばかられる恐怖の存在

　ギリシャ神話の世界には、複数の"死者の国"すなわち冥界がある。そのなかで一番古い冥界「エレボス」には、世にも恐ろしいエリニュスという女神たちが住んでいる。彼女たちの別名はエウメニデス（善意の者たち）、セムナイ（おごそかなる者たち／慈悲深い者たち）など、およそ魔王らしいものではない。実はこれらの異名は、エリニュスが人間たちにとってあまりに恐ろしい存在なので、本当の名前を呼ぶことをためらった結果つけられたものなのだ。

　エリニュスたちの外見は、背中に鳥のような翼を生やした人間女性に近い。だがすべての髪の毛が蛇のようになっているか、全身に蛇をからみつかせている。手にはたいまつや、肉を引き裂く恐ろしい鞭を持つ。また別の説では、犬の頭、真っ黒な体、コウモリのような皮の翼を持つともいう。

　エリニュスの正確な人数はわかっていない。有名なのは詩人ウェルギリウスが定めたもので、エリニュスの数を3とする。名前はそれぞれアレクト（休まぬ女）、メガイラ（ねたむ女）、ティシポネ（殺人に復讐する女）という。

天然自然の罪を冷血に裁く

　彼女たちは人間の犯した罪を罰する、冥府からの使者である。エリニュスたちが特に重く罰するのは「自然の掟に反する行い」、特に親殺し、兄弟殺し、同胞殺しの3つだ。これらの罪が地上で犯されると、エリニュスたちは冥府エレボスから地上にやってきて、罪人を追い詰め、心を狂わせるのだ。また、罪人の関係者を誘導して、エリニュスの代わりに罰を執行させることもある。

　彼女たちの裁きはきわめて機械的であり、一切の融通が利かない。ある神話では、国王が「王妃と、王妃の浮気相手」に殺されたため、エリニュスは「王妃の実子」をそそのかして、王妃と王妃の浮気相手を誅殺させた。ところがこれは「王妃の実子」にとっては"母親殺し"の重罪になる。そしてエリニュスは自分たちが命じたことにもかかわらず、親殺しの罪を犯した「王妃の実子」にも罰を与えたのである。

> エリニュスにおしえてもらったのだ、エリニュスのパパは、さっき16ページで会ったクロノスだって言ってたのだ。
> パパがまおーだと、こどももまおーになるのかー？

ヨーロッパの魔王

サタンは魔王、魔王はサタン
サタン

欧文表記：Satan　別名：シャイターン　出典：旧約聖書『創世記』、新約聖書『ヨハネの黙示録』など多数　出身地：イスラエル

宇宙／概念／異界／賢者

キリスト教における「悪」の権化

「魔王」という言葉は、サタンのためにあるといっても過言ではない。

サタンはユダヤ教とキリスト教の聖典『旧約聖書』と『新約聖書』に登場する、もっとも有名な堕天使……すなわち悪魔である。すべての悪魔の頂点に立つ存在とされ、ヨーロッパのキリスト教徒は悪魔や悪意のことを意味する一般名詞として「サタン」の名前を使うほどだ。彼はもっとも強大な悪魔であり、すべての悪魔を統率し、この宇宙のどこにでもあらわれる、恐るべき魔王なのである。

イエス・キリストを誘惑する、修道士姿のサタン。1500年ごろ、スペイン人画家フアン・デ・フランデス画。アメリカ、ワシントンナショナルギャラリー蔵。

サタンの外見はさまざまに表現されたが、もっともよく絵画などで描かれた姿は「全身が毛むくじゃらで、頭から角が生え、肌の色は黒または赤、コウモリのような2枚の翼が生えている」というものだ。つまり我々がイメージする典型的な悪魔の姿といってよいだろう。ただしサタンには変身能力があるらしく、聖書はもとより絵画での描かれ方も安定しない。普通の人間に近い姿、天使のような姿、頭の後ろ側にも顔がある姿などがあり、さらには赤い鱗のドラゴンや、7つの頭と10本の角を持つドラゴン（→p32）の姿で描かれたこともある。

特殊な姿のなかでもっとも有名なのは「蛇」の姿だろう。世界のはじまりと人類の創世を描いた、『旧約聖書』の『創世記』によれば、神が作った最初の人類である男性アダムと、アダムの肋骨から作られた女性エヴァ（イブとも）は、神から食べることを禁じられていた「知恵の木の実」を食べてしまい、その罪によって楽園「エデンの園」から追放された。このときにアダムとエヴァを弁舌巧みにだまし、言いつけをやぶって知恵の木の実を食べるようにそそのかしたのは、キリスト教の神学者の見解によると、蛇の姿に変身したサタンである。

キリスト教では、すべての人類はアダムとエヴァの子孫である。そして上にあるように、アダムとエヴァが神との約束を破ったため、人類は子孫代々消えない罪「原罪」を背負って生まれることになってしまった。つまりサタンは、ただの一言で人類を「罪に濡れた悪しき存在」にしてしまった、最悪の魔王なのである。

サタンの目的：神の計画を妨害すること

サタンという名前には、ユダヤ人が使っていたヘブライ語で「敵」「さまたげる者」という意味がある。その名のとおり魔王サタンの行動目的は、神の敵となり、神の計画を妨害することである。そしてサタンは、目的のためならばどのような手段でもとると信じられている。甘言、嘘、おどしで人間に罪を犯させ、永遠の地獄に追い落とすのは、「エデンの園」でアダムとエヴァを陥れた実績でもわかるとおり、サタンがもっとも得意とする行いだ。

大天使ミカエルに退治される、ドラゴンの姿をとったサタン。1405年スペインの作品。ニューヨーク、メトロポリタン美術館蔵。

さらにサタンは悪魔たちの支配者として強大な悪魔軍団を有し、神の率いる天使軍団と常に戦っている。宿敵は神々の天使長ミカエル。サタンは赤い鱗のドラゴンの姿をとってミカエルと激しく戦うが、最終的にはミカエルに敗れてしまう運命にある。

このような経緯から、サタンという単語は、キリスト教の敵を表現する言葉としても使われている。キリスト教教会を攻撃する者、キリスト教の教義をねじまげる異端者は、すべて「サタンの信奉者」として攻撃の対象になった。

もともとは神に忠実な天使だった

サタンはキリスト教においては悪の権化だが、キリスト教の母体となり、聖典『旧約聖書』を作ったユダヤ教では違った。ユダヤ教徒は、旧約聖書にしばしば登場する「サタン」とは、神に忠実な天使だと考えていたのだ。

先述したとおり、サタンとは「さまたげる者」という意味で、その名のとおり常に人間の行動を妨害する。だがユダヤ教徒の解釈では、この妨害行為は「神の意志」で行われているものであり、ユダヤ教徒の考えるサタン像とは、人間のよくない行動を神の代わりに押しとどめる制止役の天使たちなのである。

忠実な天使が大魔王に変わるまで

上記のようにサタンという単語が天使を意味していたのは紀元前5〜6世紀ごろまでのことだった。しかしユダヤ教徒は時が過ぎるにつれて、サタンは神の意志に背いて悪事を働く悪魔だと解釈するようになっていく。

キリスト教が成立して新約聖書がつくられた1〜2世紀ごろには、サタンは完全に悪を具現化した存在に変わっていたが、しかしこの段階になっても、サタンという単語は個人名ではなく、神に敵対する悪魔の総称だった。サタンに人格が与えられ、悪魔を統率する魔王とみなされるには、6世紀ごろまで待たなければならなかった。

> これがオレたち悪魔の大首領、サタン様だ！ マジメなやつを堕落させたらサタン様よりうまいやつは誰もいないぜ。サタン様が直接やれば、メシアちゃんを闇のメシアにするのも一瞬でできるんじゃないかなー。

ヨーロッパの魔王

天に輝く悪の明星
ルシファー

欧文表記：Lucifer　別名：ルシフェル、ルキフェル
出典：『トビト記註解』など　出身地：イスラエル

宇宙／概念／異界／断罪

神に反旗をひるがえした魔王

　キリスト教の宗教観では、全知全能であり絶対の善の存在「神」が世界に君臨している。つまり神に逆らい刃向かうものはすべて悪となるわけだが、ここにすべての天使の1/3を率いて神に対して反乱を起こすという、とてつもない巨悪を実行した者がいる。神に背いて天から堕とされ、悪魔となった「堕天使」たちの首領、ときにサタンと同一存在とされることもある魔王ルシファーである。

　ルシファーは、6枚または12枚の翼を持つ堕天使である。その身体は毛むくじゃらで巨体の醜い怪物だとされる場合と、非常に美しい天使の姿だとする場合のふたつがあり、ヨーロッパの宗教画にはどちらの姿も見られる。

　キリスト教徒に信じられている伝説によれば、ルシファーは神が最初に作った天使であり、ただひとり神の右隣に座る特権を許されていた。ところがルシファーは、自分も神と同じ位置に立ちたいと考え、配下の天使たちを率いて反乱を起こすが失敗。その結果ルシファーと反乱天使は堕天使となったのである。

　ルシファーが傲慢にも神の座を求めた理由は、聖書には書かれていない。キリスト教の神学者たちは、「自分が神よりも偉大だと勘違いした」「神が天使よりも人間を愛したため、人間に嫉妬して反乱した」などと推測している。

聖書から生まれた大魔王

　実は今から1900年ほど前、キリスト教が誕生した1世紀後半の時点では、ルシファーという悪魔はキリスト教徒に認識されていなかった。キリスト教の誕生から150年ほどたった西暦230年、ギリシャ在住の神学者オリゲネスが、『旧約聖書』の文献のひとつ『イザヤ書』に書かれている「天から落ちた明けの明星」という表現に注目した。キリスト教の前身となったユダヤ教では、「天国を追われた天使」について紹介する文献があり、この「明けの明星」こそがそれだと解釈したのだ。

　明けの明星は、当時の知識人の共通語だったラテン語で「lucifer」と書かれていた。ここから堕天使にして魔王、ルシファーの名前が生まれたのである。

見つけましたよ！　サタンとかルシファーとか名前を変えていますが、どちらも同じ悪魔だと手配状が回っているんです。さあ逮捕……あれ？「注意：最高位天使以外接触禁止（堕天警戒）」……し、失礼しましたー！

世界は魔王の餌場となる
ベルゼブブ

欧文表記：Beelzebub　別名：ベルゼビュート、ベルゼブルなど
出典：旧約聖書『列王記』、新約聖書『マタイによる福音書』など　出身地：イスラエル

宇宙／概念／異界／覇者

人々を悩ます蝿の魔王

現代のキリスト教徒にとって、悪魔の首魁といって真っ先に名前があがるのは、悪の権化として一般名詞にもなっているほど有名な魔王、サタンである。しかし22ページで紹介したとおり、キリスト教が誕生してから数百年のあいだ、サタンは魔王どころか固有の人格すら持っていなかった。そのあいだ悪魔たちの首魁と考えられていた魔王は複数存在するが、そのなかでもっとも有名なのがベルゼブブと呼ばれる悪魔である。

19世紀の悪魔解説書『地獄の事典』の挿絵に描かれたベルゼブブ。羽にドクロの模様が入っている。

ベルゼブブは「蝿の王」という異名を持つ悪魔である。その外見は上のイラストのような、巨大な蝿に似た姿で広く知られているが、これは19世紀以降の新しいイメージにすぎない。それ以前のヨーロッパでは、ベルゼブブは巨大な牛、尻尾の長いオスのヤギ、色とりどりの頭髪とドラゴンの尾を持つ牛など、例を挙げきれないほど多彩な姿で出現したという記録が残っている。またフランスの英雄ジャンヌ・ダルクとともに戦い、のちに黒魔術を行った罪で処刑された将軍ジル・ド・レイは、ベルゼブブがヒョウに化けるのを見たと証言している。

魔王ベルゼブブの悪行

キリスト教では、人間を悪の行為へみちびく7つの欲望が「七つの大罪」という名前で定義されている。「傲慢、どん欲、嫉妬、憤怒、色欲、暴食、怠惰」と7種類ある大罪のなかで、ベルゼブブは無用なまでに食をむさぼる「暴食」に対応する悪魔だとされている。

これはベルゼブブが蝿の王とされることに関係があるだろう。残飯や動物の死体に群がるハエの群れは、まさに暴食の象徴のように見えたに違いない。

だが伝統的なキリスト教の伝説に見られるベルゼブブの行為には、暴食と関係のありそうなものは見られない。彼が好むのは、国の支配者を暴君に変えて国を滅ぼしたり、人間に悪魔を信仰させたり、高位の聖職者の性欲を高めて姦淫の罪を犯させるこ

とだ。そのほかにも、争いを起こし、殺人をそそのかし、嫉妬心を引き起こすなど、悪魔たちをしたがえる魔王が行うのにふさわしい大規模で深刻な悪事ばかりである。

魔女たちの魔王ベルゼブブ

『新約聖書』の文献のひとつ『マタイの福音書』では、悪魔払いをしたイエスが、ユダヤ教徒に「悪霊のかしらベルゼブルの力を使った」と非難される場面がある。

数ある悪魔のなかで、このようにベルゼブブが最高位の悪魔だと考える人が特に多かったのは、15世紀から17世紀にかけてである。この時代は、人間が悪魔に取り憑かれて奇行をする「悪魔憑き」が恐れられたり、悪魔と契約した魔女を裁判で明らかにする「魔女狩り」が行われた時代だった。そのためベルゼブブは魔女と関係が深く、ベルゼブブにとりつかれたという魔女が多く裁かれた。

魔女を断罪した裁判の記録によれば、魔女は踊りながらベルゼブブの名前をとなえ、イエス・キリストを否定する儀式を行ったという。ほかにも、ベルゼブブ本人が魔女と乱交したなどの記録が無数に残っており、ベルゼブブは「魔女を支配する悪魔」とも呼ばれていた。ベルゼブブが人間に取り憑いた事例も多く、なかには2000人のキリスト教信者が見守る前で、悪魔払い師がベルゼブブを祓った記録も残されている。この時代のキリスト教徒にとって、ベルゼブブはもっとも身近で恐ろしい魔王だったのだ。

ベルゼブブが悪魔にされるまで

ベルゼブブは、ユダヤ教徒やキリスト教徒がゼロから独自につくりだした悪魔ではなく、元となった存在がいる。

ユダヤ教徒が住むイスラエルの周辺には、かつて「バアル=ゼブル」と呼ばれる神がおり、人気を集めていた。名前の意味は「高き館の王」という意味であり、この時点ではベルゼブブの特徴であるハエに関連する意味は見られない。

18世紀の悪魔解説書に描かれたベルゼブブ。ウサギの耳、トラの顔、鱗の身体、鳥の足という姿で描かれている。

ユダヤ教は唯一神教といい、自分たちの信仰する唯一神以外の神がいることを認めていない。異教徒たちが神として崇めているものは、ただの金属製の像であったり、人間をだまして神のふりをしている悪魔だと考えるのが、ユダヤ教徒の価値観である。

そのため彼らはバアル=ゼブルのことも神と認めておらず、異教徒が信じる偽の神バアル=ゼブブとして『旧約聖書』に登場させている。これはユダヤ人の使うヘブライ語で「蝿の王」という意味になる。つまり敵対した神の名前を悪い意味になるように読み替え、汚らわしいイメージを植え付けたのだ。

ベルゼブブは悪魔の首魁とされた大魔王だが、その原型であるバアルは、善の最高神だ。くわしくは52ページを読んでみるがいい。ある場所で善とされた存在が別の場所では魔王となる。表裏一体、おもしろいものだな！

ヨーロッパの魔王

誘いに乗ったら地獄へダイブ！
黙示録の獣

欧文表記：The Beast　別名：アポカリプス・ビースト、666の獣、アポカリティック・ビースト　出典：新約聖書『ヨハネの黙示録』　出身地：イスラエル

宇宙／観念／異界／覇者

信仰心なき者を地獄へ落とす獣魔王

　キリスト教の聖書『新約聖書』の最後を飾る聖典『ヨハネの黙示録』は、いつかの未来、悪に染まった世界が神の使いによって破壊されてから、罪に濡れた人類を救済するための「最後の審判」が終わるまでの様子を描く聖典である。この物語では、多くの心弱き人間が神のことを疑い、邪悪な「獣」を信仰している。これこそが世界の終末にあらわれる獣の魔王、「黙示録の獣」である。

中世ヨーロッパの織物画。サタンが変身したドラゴンから、黙示録の獣（右）が地上の支配権を意味する王笏を授かっている。

　黙示録の獣は、7つの頭を持つ豹（ヒョウ）のような獣で、頭には合計10本の角が生えており、口はライオン、前足は熊という姿を取る。その身体には強靭な再生能力が備わっており、頭をひとつ潰された程度ならあっというまに元通りになってしまう。

　この獣は、ドラゴンの姿を取った悪魔の首領サタン（→p22）から地上の支配権を譲り受け、3年と8ヶ月のあいだ活動し、地上の支配権を聖なるものたちから奪い取って魔王として君臨。神の権威をおとしめる発言を繰り返すという。その甘言に乗った者たちは、人間の最終的な運命を定める「最後の審判」において悪しき者として破滅し、楽園に至ることはできないのだ。

獣の数字666

　『ヨハネの黙示録』は、黙示録の獣をあらわす数字を「666」だと定め、これは獣の数字であり、人間を指すものだと指摘した。そして「賢い人は、獣の数字にどのような意味があるかを考えるがよい」と、考えることを求めている。

　獣の数字666が意味する答えを求めて、神学者、歴史学者、オカルト研究者などが現在も新しい回答案を提示し続けている。キリスト教を迫害したローマ皇帝ネロを指すというのが有力な案だが、ほかにも突拍子もない回答が多数存在する。

けものは、3年8ヶ月くらい、まおーをやってたらしいのだ。短い？　そんなことないのだ、3年たったら学校も卒業しちゃうのだ。お菓子くれたからまおーになるけど、3日くらいでやーめるーのだー。

illustrated by ryuno

ウートガルザ・ロキ

パワーと頭脳、組み合わせれば最強！

欧文表記：Utgarða Loki　別名：ウトガルド・ロキ、ウトガルデロックなど
出典：北欧神話『スノッリのエッダ』　出身地：北ヨーロッパ

字宙／異界／地名／覇者

ヨーロッパの魔王

雷神トールを手玉に取った魔王

　北欧神話に登場する神々で、もっとも戦いに強いのは、雷を呼ぶハンマー「ミョルニル」を持つ雷神トールだとされている。その北欧神話最強の神を手玉に取った魔王が北欧神話にいた。彼の名はウートガルザ・ロキ。邪悪な巨人ヨトゥンが住む世界ヨトゥンヘイムで、主要都市ウートガルズを支配し、人間の世界ミズガルズと、神々の世界アースガルズをおびやかしている強大な支配者である。

山ほどに大きな巨人スクリューミルに変装したウートガルザ・ロキ。手前はトール一行。1902年、Elmer Boyd Smith画。

　ウートガルザ・ロキは、巨体と強大な力を持っているのだが、その真価は知恵にある。彼は幻術をあやつり、それを有効利用する知恵を有しているのだ。

　ある日、雷神トールと一行がヨトゥンヘイムをおとずれたとき、ウートガルザ・ロキは一行をあざ笑って挑発し、技比べを申し出る。それを受けたトール一行であったが、トールの従者は大食い勝負と徒競走に敗北。トールは酒の飲み比べに負け、猫一匹持ち上げられず、相撲勝負は老婆に負けると散々な結果であった。これら敗北はもちろん、ウートガルザ・ロキが幻術で惑わせ、絶対に勝てないよう仕向けたものである。種明かしをされたトールとその一行は、すごすごと城をあとにするのであった。

神と巨人、ふたりのロキ

　北欧神話で「ロキ」といえば、ずるがしこく気まぐれで、悪質なイタズラによって神々の社会に混乱をもたらす神「ロキ」のことをイメージする人が多いだろう。このロキと「ウートガルザ・ロキ」は、どちらも霜の巨人ヨトゥンの血を引き、知略を武器にするなど、しばしば混同されるほど共通点が多いが、あくまで別人である。

　なお「ウートガルザ・ロキ」とは「都市ウートガルズを支配するロキ」という意味である。イタズラ好きなロキとの区別のために、このように呼ばれている。

デンマークにも「ウートガルディロキ」って巨人がいるんだけど、洞窟に閉じ込められてて、天候操作以外なにもできないんだって。おっと近づくなよ、嗅いだだけで死人が出るほど体臭がクサいらしいからな！

ヨーロッパの魔王

不埒者は我が領地に立ち入るべからず
ロウヒ

欧文表記：Louhi　出典：フィンランドの伝承『カレワラ』
出身地：現在のフィンランド

宇宙／異名／異界／覇者

極限の地に君臨する女魔王

ヨーロッパの北端、スカンジナヴィア半島の東に位置する国フィンランドは、一般的に「北欧」と呼ばれる地域に属するが、ほかの北欧地域とはまったく違う神話が語り継がれている。それがフィンランドの神話物語『カレワラ』である。ロウヒはこの『カレワラ』に登場する、強大な力を持つ魔女である。

ロウヒは『カレワラ』における世界の北の果てにある「ポホヨラ」という極寒の国を支配する老婆で、物語中では「ポホヨラの女主人」と表現されている。その魔力の強大さは、海を凍らせるほどの冷気を呼び出したり、国中に疫病をばらまくほどだ。もちろん世界の魔女の十八番(とくいわざ)である、動物への変身などもお手のものである。

ポホヨラを乱す者には容赦なし

作中でのロウヒは悪役であり、『カレワラ』の主人公をさまざまな手段で妨害する悪の魔王に見える。しかし中立的な視点から見ると、ロウヒは決して邪悪な存在ではない。ロウヒがその力をふるうのは、ほぼ例外なく、ロウヒ自身やポホヨラが攻撃されたときなのだ。つまり彼女は自衛のために魔術を使っているのである。

鳥のような姿に変身し、サンポを奪ったワイナミョイネンを襲撃するロウヒと兵隊たち。1896年、アクセリ・ガッレン＝カッレラ画。フィンランド、トゥルク美術館蔵。

例えば、ある物語では、ポホヨラでの宴会に若者が乱入し、ポホヨラの主人を殺してしまったので、ロウヒは報復のために軍団を差し向けた。若者たちが兵隊を率いてポホヨラに攻めてきたときは、霜を降らせて海を凍りつかせ、軍団を乗せた船がポホヨラにたどりつけないようにしている。

またロウヒは、『カレワラ』の主人公である魔術師ワイナミョイネンの国に疫病を広め、太陽と月を幽閉して世界から光を奪った。これも、ワイナミョイネン一行が、大量の穀物と富を生み出す魔法の道具「サンポ」を奪ったことへの復讐なのである。

『カレワラ』では一方的に悪者にされているロウヒだが、あすなろ書房の《北の魔女ロウヒ》という本では、『カレワラ』の物語をロウヒ主役で再構成した物語が楽しめる。逆の視点で神話を見るのもおもしろいぞ。

視線で殺す魔眼の王

　イギリスの西に浮かぶ島国アイルランドには、この島の覇権を争ったさまざまな種族の戦いの歴史が、固有の神話として残されている。バロールはそれら種族のひとつ「フォモール族」の強大な王であり、神話の主人公格「ダーナ神族」の視点から見ると、きわめて強力でおそるべき魔王であった。

　バロールは「死神バロール」という異名を持ち、第三の目または片目に「その目で視るだけで生き物を殺せる」という「魔眼」の力を持っていた。ただし普段は魔眼は閉じられており、自分の力では開けることができない。バロールは巨体であるため、魔眼の力を発揮するには、4人がかりでまぶたを引き上げる必要があった。

　この魔眼に、物語の主人公であるダーナ神族は対抗手段がなかった。ひとたび戦争になれば魔眼で一方的に殺されてしまうため、ダーナ神族はフォモール族の支配下に屈し、魔王率いる一族に搾取されていたのである。

運命に導かれた魔王の破滅

　ダーナ神族を屈服させたフォモール族と魔王バロールだったが、そのあとバロールは「自身のひとり娘が産んだ子によって殺される」という不吉な予言を受ける。これを恐れたバロールは、娘を孤島の塔に幽閉し、さらに娘の世話をする召使いも女性で固め、絶対に男と出会わないよう厳重に守りを固めたのだ。

　だが何重にも対策を立てたにも関わらず、娘は塔に忍び込んだ男と恋に落ち、三つ子を産むのであった。これを知ったバロールは部下に命じ、その子たちを海の渦潮へ投げ捨てさせるのだが、偶然にもひとりの男の子だけが生き残ってしまう。

　すくすくと成長したその男の子「ルー」は、あらゆる知恵と技術、そして「長い腕」と異名を取る投てき武器の腕前を持つ、立派な太陽神に成長した。新たな王としてルーを迎えたダーナ神族はフォモール族への反攻を開始。バロールは魔眼によって敵を殺そうとしたが、それより早く魔法の石を撃ち込んだルーが、バロールの魔眼を貫いたことで、バロールは死亡しフォモール族も壊滅したのである。

なんで目ん玉を貫いただけでフォモール族が壊滅したのかっていうと、バロールの魔眼が頭からこぼれ落ちてフォモール族のほうを向いたからさ。魔眼の死の力は、本人が死んでも有効なんだな。おっかねぇ〜。

ヨーロッパの魔王

英雄を倒した策謀の女王
メイヴ

欧文表記：Medb　別名：メーヴ、メズヴ
出典：ケルト神話　出身地：アイルランド

古代／異界／覇者

娶（めと）った者が王となる

アメリカ人画家、ジョセフ・クリスチャン・レイエンデッカーが描いたメイヴ。1911年の作品。

　アイルランドに伝わる神話のひとつ「アルスター神話」は、アイルランド北東部、アルスター地方の国「アルスター王国」を主役側に置き、他国を敵役に見立てた物語である。アルスター王国にとって最大の敵は、隣国「コナハト王国」と、王妃としてその実権を握る女王メイヴであり、アルスター人にとってメイヴは魔王のごとき存在であった。時代的に考えて彼女は人間であるはずだが、神話のなかでは豊穣、繁殖、性愛、統治権、死などの力を持つ女神のようにも扱われている。もっとも、アルスター神話の主要人物には神の血を引く者が多く、神のごとき力を持つものがいても不思議ではない。

　メイヴは「彼女と結婚した者が王となれる」血筋の正統であり、神話に登場するコナハトのアリル王は、彼女と結婚したことで王権を得た通算9人の男のひとりにすぎない。性格はわがままで欲深く謀略を好む。彼女は自身の持つ王権を餌に、数多くの戦士たちを死地に送っている、おそるべき陰謀家なのだ。

主人公を殺し勝利した悪役

　物語の悪役は、英雄や主人公によって討伐されるのが常識だ。だがこのメイヴ女王は、物語の主人公である英雄クー・フーリンに勝利した希有な存在なのだ。

　アルスター王国の戦士クー・フーリンは、たったひとりでコナハト軍の攻撃を撃退しうる凄まじい力を得る代償として、破ると力を失う呪いのような掟「ゲッシュ」をたてていた。メイヴはそこにつけこんで、クー・フーリンがゲッシュを破らざるをえないような状況を作り出した。そして彼女は弱ったクー・フーリンから、必殺の武器ゲイ・ボルグを部下に奪い取らせ、丸腰になったクー・フーリンを殺させたのだ。

メイヴ女王がアルスター王国に攻め込んだのは、旦那さんに立派な牛を自慢されて、負けないくらい立派な牛をアルスターから奪おうとしたからです。はあ……やっぱり強欲は、人間に罪を犯させる悪徳なのですよ。

illustrated by 此処シグマ

ヨーロッパの魔王

魔王が作った地獄の現世
ヤルダバオート

宇宙／異界

欧文表記：Jaldabaoth　別名：デミウルゴス
出典：グノーシス主義　出身地：地中海世界

不完全で醜悪な創造者

　キリスト教では、ユダヤ人が作った宗教文書『旧約聖書』と、キリスト教徒が作った『新約聖書』の両方を聖典とし、両方の文書に登場する神は同じ存在だと定義づけている。しかし、かつて「両方の文書の神は、別の存在である」と考える者たちがいた。それがキリスト教の亜種ともされる「キリスト教グノーシス派」の信者たちである。彼らは『旧約聖書』に登場する神の正体は、自分が神だと勘違いしている愚かで不完全な魔王「ヤルダバオート」だと考えていたのだ。

　グノーシス派の教えによれば、神の使いである天使的存在「アイオーン」のひとりが過ちを犯し、自分の魂の一部を分け与えて新しい精神体を作った。それがヤルダバオートである。ヤルダバオートは愚かであるゆえに神やアイオーンの存在を認識できず、水面に映った神の姿を見て、自分は神であると勘違いをした。そして地上に人間を生み出そうとしたがうまくいかず、自分を形作る精神体を切り離し、それを肉の身体に閉じ込めることで、なんとか人間を作り出したのだった。

　ヤルダバオートは、自分が作った世界を、まるでオモチャのようにもてあそんでいる。それゆえに我々人類が住む世界は、苦痛と不幸に満ちあふれた生き地獄になっている……グノーシス派はそう考えていた。そのためグノーシス派の信者たちは、肉体は悪であり、魂の牢獄だと主張する。肉体から魂を切り離し、本来いるべき天上世界に戻ることが、グノーシス派の望みなのだ。

「グノーシス派」は異端にあらず

　上記のような主張をかかげたキリスト教グノーシス派は、異端の宗派として激しい攻撃を受けた。なぜなら通常のキリスト教徒にとって、旧約聖書の神を悪の存在だと断罪するグノーシス派の主張は、絶対に受け入れられないからだ。そのためグノーシス派の教えは迫害され消滅してしまった。グノーシス派は、カトリックや東方正教会などのキリスト教諸宗派と同時に生まれ、対立しながら成長した。しかし現在ではその教えは途絶え、現在では一部の文献にその痕跡を残すのみとなっている。

グノーシス主義は、誕生した瞬間から滅亡が決まっていた。彼らは全信者に子作りを禁止するから、信者人口がどんどん減っていくのだ。子孫繁栄を考えない国は弱体化する。政治の基本だな、覚えておきたまえ。

なぜ「神」が「魔王」になったのか？

なんなんですか、この「グノーシス主義者」というのは!?
よりにもよって私たちの神様を「魔王」扱いするなんて！
こんな不遜な話はめったにあるものじゃないですよ！

まあ、『旧約聖書』の神様って相当いろいろやってるし、言いたくなる連中もいるんじゃないのか？
おもしろいことを考えるやつもいるもんだよな〜。

　「グノーシス主義」では、キリスト教徒の聖典のうち、『新約聖書』に登場する神が「真の神」で、『旧約聖書』で神と名乗っているのは、自分が神だと勘違いしている愚かな存在、魔王ヤルダバオート（→p42）だと考える。
　グノーシス主義者たちがこのような教義を生み出した原因は、まさに『旧約聖書』と『新約聖書』の内容の違いにあったのだ。

「新約」と「旧約」の明らかな違い

　『旧約聖書』と『新約聖書』は、どちらもキリスト教が聖典と定めた文献である。どちらの聖典にも、キリスト教が定める「唯一神」が登場するが、双方の聖典では神の描かれ方がまったく違っている。
　『新約聖書』に登場する神は、人間を愛し、救世主イエス・キリストを通じて人間を救い、守り、赦す存在として描かれている。ところが『旧約聖書』の神は、人間の上に君臨し、戒律を定めて、それを守らない者を罰して殺す、恐ろしい存在として描かれているのだ。聖書には神が人間を殺した場面が多数描かれているが、『旧約聖書』のなかで神に殺害された人数は、明確に数えられるものだけで合計で200万人を越える。このほかに「ノアの箱舟」で有名な大洪水など、死者数が明記されていない事件も足せば、神が殺した人間の数は2000万人を超えるのではないかという推測もあるほどだ。この違いを受け入れるために、カトリックの神学者たちも多大な苦労をしたという。
　グノーシス主義の発案者たちは、『旧約聖書』の恐ろしい神と『新約聖書』の優しい神が同じ神だとは考えられず、その結果「『旧約聖書』の神は偽物の神だ」という結論に至ったものと思われる。

過酷な境遇が厳しい神を生みだした

　双方の聖典における神の描かれ方が違う理由は『旧約聖書』の成り立ちにある。『旧約聖書』を書いたユダヤ人は、周辺に住む異民族と絶えず戦争を繰り返していたため、「ユダヤ人のなかから裏切り者を出さないこと」を非常に重視していた。旧約聖書の著者たちは、ユダヤ人と神の契約を定め、それを破った者を聖書のなかで神が厳しく罰することによって、異教の浸透を防ぎ、身内の裏切りからユダヤ人という民族を守ろうとしたのだ。

中東、アフリカの魔王
Dark Lords in Middle East & Africa

　シリア、イラクを中心とするアジア中東地方は、かつてメソポタミア文明という文明が栄え、周辺地域のお手本となる文化先進地域でした。この地には多くの宗教と神話がおこり、多くの「魔王的存在」の伝承が現代に残されています。ここではそのなかから9体を選んで紹介します。

古き魔王たちの住処に案内しようぞ。

Illustrated by とんぷう

モート

ただ愛ゆえに魔に落ちる
イブリース

欧文表記：Iblis, Eblis　別名：ハリス（絶望）、シャイターン（悪魔）、アドゥウ＝ラービ（アッラーの敵）　出典：イスラム教の聖典『クルアーン』　出身地：アラブ世界

概念　宇宙・異界・覇者

中東、アフリカの魔王

イスラム教の最高位の悪魔

　ユダヤ教やキリスト教と同様に、『旧約聖書』を聖典としているイスラム教には、イブリースという悪魔がいる。彼は魔王サタン（→p22）のイスラム教版である。

　イスラム教独自の聖典『クルアーン』によれば、かつてイブリースは天使たちのリーダーで、天国の一部を管理し、天界の宝物を管理するという重要な役目を任されていた。ところが彼はイスラム教の唯一神アッラーの命令に逆らったため、天界を追われ、アッラーによって悪魔に変えられてしまった。

　アッラーが彼を罰しようとしたとき、イブリースが罰の猶予を求めたところ、アッラーが世界を滅ぼす「最後の審判」の日まで、裁きを猶予されることになった。そしてイブリースはアッラーの許可のもと、人々のなかに手下の悪魔を送り込み、人間を誘惑して悪の道に引きずり込むのである。

　イブリースの誘惑に耐えて信仰を守った者、犯した罪を認識して悔い改めた者は「最後の審判」で天国に迎えられる。そして悪の道に走ったまま悔い改めなかった者は、イブリースとともに地獄の業火に焼かれるのだ。

イブリースを魔王に変えた神への偏愛

　聖典『クルアーン』によれば、アッラーは天使を炎から、最初の人間アーダムを土から作った。アッラーは天使たちに「アーダムを尊敬しひざまずくように」と命令したが、イブリースは、土でできた人間よりも、炎から作られた天使のほうが優れていると思って神の命令を拒絶し、それゆえに悪魔とされたという。つまりイブリースが悪魔となったのは傲慢さゆえだった。

　だがイスラム教徒のなかには、イブリースを擁護する意見も強い。イブリース擁護派の見解によれば、天使たちは過去に、アッラーから「自分以外を崇拝するな」と命じられていた。イブリースはこの命令を信じ、神を深く敬愛していたため、たとえアッラー本人の命令だとしてもアッラー以外の存在にひざまずくことを嫌い、神の命令に背いたという。つまりイブリースは愛ゆえに魔王となったのだ。

イスラム教では、神の姿を絵や像に残す「偶像崇拝」が固く禁じられているので、宗教画のたぐいが非常にすくない。数少ない宗教画では、イブリースは顔を黒く塗って描かれることが多いようだな。

illustrated by 山鳥おふう

魔法のランプは魔王のすみか
イフリート

欧文表記：Ifrit, Afrit など　別名：ジンなど
出典：アラブの神話・伝承、イスラム教など　出身地：アラブ世界

中東、アフリカの魔王

ランプの魔王はイフリート

アラブの民話『千夜一夜物語』には、ランプなどの道具の中に巨大な魔神が隠れているという物語が多数紹介されている。有名な『アラジンと魔法のランプ』では、ランプの中から出てきた魔神が願いを叶えてくれるが、ほかの収録作では、邪悪な性質を持つ魔神が解放され、主人公がピンチに陥ることも少なくない。

海中から武具の詰まった箱を引き揚げてきたイフリート（左下）。16世紀の作品。アメリカ、ブルックリン博物館蔵。

ランプや魔法のアイテムに封じられている存在が善良であっても悪であっても、アラブではこれらの存在を「イフリート」と呼んでいる。イフリートは善良ならば精霊、悪ならば魔王に近い性質を持っている。彼らは強大な超能力を持つため、悪しきイフリートに対面した人間は、少しでもイフリートに気に入られたり、興味を引くことができなければ、気まぐれに殺されてしまう。

ちなみに『千夜一夜物語』では、主人公が強力なイフリートの封印を解いてしまい危機に陥るものの、言葉巧みにイフリートをだまし、本来封印されていた容器にふたたび封印しなおすという展開がよく見られる。

イスラム教の邪悪な精霊

イスラム教の教えには、神と人間の中間の存在として「ジン」という精霊が登場する。イフリートは善悪両方が存在するジンのなかでも悪しき性格の持ち主である。邪悪なジンたちは力の強さによって5階級に分かれていて、イフリートは上から2番目の強さであり、最強の悪のジン「マーリド」に次ぐ存在である。

イフリートは知力、体力、魔術を兼ね備え、巨体の人間のような姿で人間の前にあらわれる。その正体は変幻自在であり、どのような姿でもとることができる。肉体を透明な気体に変え、人間の前に突然あらわれることも可能である。

マーリドが一番強い悪の精霊ってことらしいけどさ、お話じゃ、ろくに見たことないよね。下位の「悪の精霊」もめっちゃたくさんいるし、その第2位に君臨するイフリートが実質魔王みたいなもんでしょ！

illustrated by 関あくあ

魔王の遺体で世界をつくろう
ティアマト

宇宙 / **異界** / **覇者**

欧文表記：Tiamat　別名：タラッテー　出典：アッカド神話　出身地：中東

中東、アフリカの魔王

我が子と孫に討たれた女神

　現在のイラク周辺で伝承されていたアッカド神話の主神は、マルドゥクという嵐の神である。彼は神々のなかでは若手だったが、神々の最大の敵となった自分の祖母を倒したことで最高神の地位を手に入れたとされる。彼が倒した祖母、神々の最大の敵となった魔王は、原初の海の女神ティアマトという。

　創世神話『エヌマ・エリシュ』によれば、ティアマトは夫である真水の神アプスーと交わり、多くの神を生んだ。しかし彼ら夫婦と子供たちはしだいに仲が悪くなり、ついに夫アプスーが息子たちに殺害されてしまった。

　夫を殺されたティアマトは、それでも子供たちを罰しようとはしなかったが、ティアマトの孫にあたるマルドゥクがすさまじい風を吹かせて夜も眠れないほどの音を立てたため、彼女はついに子供と孫を討伐することを決めたのだ。

　ティアマトは新しい夫を選び、11体の強力な怪物を生んでマルドゥクをはじめとする神々に戦いを挑んだ。だが彼女がマルドゥクの武器である風を飲み込んで使えなくしようとすると、風のせいでティアマトの腹は大きくふくれあがる。そこにマルドゥクが矢を撃ち込むと、ティアマトは腹を破裂させて死んでしまった。

　戦いに勝利したマルドゥクは、ティアマトの体を切り裂いてその半分で天をつくり、もう半分で地をつくった。世界はこうして作られた、という神話である。

神話におけるティアマトの姿

　近年の創作作品にティアマトという名前の怪物が登場する場合、ドラゴンに近い姿で表現されることが多い。また、ティアマトをドラゴンの一種と解説している書籍もある。だが『エヌマ・エリシュ』の記述を見ると、ティアマトがドラゴンのような姿をしていると推測できる記述はほぼ存在しない。

　ティアマトの肉体がマルドゥクらに解体されたとき、ティアマトの肉体の部位はただひとつ「尻尾」があったことを除けば人間と同様であり、たとえばドラゴンのような鱗や翼があったという記述も見られないのだ。

ティアマトさんって、現代人の価値観で見ると魔王っぽくないですよね？でも、当時の中東の人たちにとって、マルドゥクさんは最高神です。だから主神と敵対したティアマトさんは、悪で魔王だったんですよ。

illustrated by 皐月メイ

冥界の魔王はいつも腹ぺこ
モート

欧文表記：Mot、Mt　　出典：ウガリット神話　　出身地：中東・シリア地方

宇宙／概念／覇者／**異界**

中東、アフリカの魔王

豊穣神の永遠の敵対者

　現在の中東地方、チグリス・ユーフラテス川流域に栄えた「メソポタミア文明」。魔王モートはそのひとつ、地中海側にあった古代都市「ウガリット」の遺跡で発見された神話「ウガリット神話」に登場する、死と乾期の神である。

　ウガリット神話の死後の世界"冥界"は「地上の納骨所」と呼ばれ、その所在地はモートの肉体そのものである。モートは巨大な顎ですべての死者を食い尽くす旺盛な食欲の持ち主だが、その体内が冥界であるためか、いくら食べてもモートの空腹は満たされないという。

あの世の入り口でもある、大きな口で亡者をむさぼるモート。中世以降に『旧約聖書』の影響を受け、恐ろしい怪物として描かれたもの。撮影：Hautala

　モートのライバルはウガリット神話の主人公、豊穣神バアルである。ふたりの確執を描いた『バアルとモート』という神話では、戦いに勝利したモートがバアルを食べてしまうため、世界に雨が降らなくなってしまう。これに怒り狂ったバアルの妻アナトは、モートを切り刻み、燃やし、すりつぶし、肉片を畑にまき散らした。だがこれだけやってもモートを滅ぼすことはできない。彼の肉体は7年後に畑から再生し、その後もふたりは永遠に戦い続けるのだ。

伝承の途絶えた歯抜けの神話

　ウガリット神話など、メソポタミア地方に伝わる各種神話は、そのほぼすべてが「信仰と伝承の途絶えた神話」であり、その逸話は遺跡から発掘される粘土板などに刻まれた大小数々の文章から、研究者が紡ぎ出したものだ。

　粘土板は、素焼きの陶器のように焼き固められているため紙よりも保存性が良く、何千年もの時を越えて現代に物語を伝えている。だが粘土板のなかには経年劣化で欠損しているものも多く、文章が途中で歯抜けになっているのは当たり前、なかには話のオチがまるごと失われているものもあるのが残念でならない。

バアルの神話は、熱くて乾燥した夏と、寒くて雨の降る冬が交互におとずれる、中東の気候を神話として表現したものだろう。バアルが農作物を実らせる豊穣神なのは、彼が嵐と雨を呼ぶ神だからなのだ。

死者をもてあそぶ高飛車女神
エレシュキガル

欧文表記：Ereshkigal　別名：イルカルラ、ベリリ、アルラトゥなど
出典：シュメール神話『イナンナの冥界下り』など　出身地：中東地方

中東、アフリカの魔王

悪しき心を持つ冥界の支配者

　世界最古の神話とされるシュメール神話では、死者の国は地下にある。「ふたたびそこから帰れない国（クル・ヌ・ギ・ア）」、あるいはイルカルラ、ギザルなど多彩な名前で呼ばれるその冥界を支配しているのは、闇と死の女神エレシュキガルだ。
　エレシュキガルは短気かつねじ曲がった性格の持ち主で、冥界をおとずれる者に陰湿な嫌がらせをすることが多い。また性欲旺盛であり、気に入った男性の神を冥界に誘い込んで監禁しようとしたこともある。さらにエレシュキガルは、死亡して冥界に下った人間を食べてしまう習慣がある。彼女は自分が食べる死者を確保するために、部下の疫病神ナムタルを地上に遣わし、人間世界に疫病を広めて新しい死者を確保するのだといわれている。このように、あらゆる行動が悪意に満ちているエレシュキガルは、人間にとってもっとも恐るべき存在であった。
　冥界のなかで我が物顔に振る舞っているエレシュキガルだが、彼女にもすべてを自由にできるわけではない。具体的には、エレシュキガルは冥界から一歩も出ることができないのである。エレシュキガルの性格が短気で屈折しているのは、闇に包まれ陰気な世界である冥界で、抑圧された生活を送っているからだという。

冥界神は強い男がお好き

　神話では、エレシュキガルの意外な側面を見ることができる。どうやら彼女は、自分より強い男には別人のように従順になってしまうようなのだ。
　アッカド神話の太陽神ネルガルは、エレシュキガルのあとに冥界の主となった神である。彼とエレシュキガルのなれそめは複数の似た神話で語られている。アマルナ地方の神話では、無礼を働いたネルガルにエレシュキガルが怒りを爆発させるが、彼女は冥界に乗り込んできたネルガルに玉座から引きずり下ろされ、自分をネルガルの妻とするかわりに命を救われたと解説する。このほかにも、冥界に乗り込んできたネルガルにエレシュキガルが一目惚れして彼の子を妊娠するバージョン、ネルガルに惚れ込んで彼を奪おうとする略奪愛バージョンなどがある。

ああっ、メシアちゃん様、まだ冥界から出ちゃだめですよ！
エレシュキガルの冥界にいちど入ったら、「生命の水」を浴びなければ、冥界から出ちゃいけないルールになっているんです。

パズス

悪疫の魔王は西からやってくる

概念／宇宙／異界／覇者

欧文表記：Pazuzu　出典：古代アッシリア神話　出身地：中東地方

中東、アフリカの魔王

不吉な風と病気を運ぶ大気の魔王

　古代メソポタミア地方の神話と宗教は、5世紀ごろまでに信仰者と伝承が途絶え、現在では遺跡から見つかる発掘品からしか内容を知ることができない謎多きものだ。このパズスはアッシリア神話における大気の悪霊の王者で、調査と研究の結果から、数多くの彫像が作られていた有名な神だったと推測されている。

　パズスは砂漠から吹き付ける暴風と、西風に乗って運ばれてくる伝染病が、紀元前10世紀ごろに神格化されたものだと考えられている。その外見は「人間の形をした身体、タカなどの"猛禽類（もうきんるい）"またはライオンのような頭と手足、サソリのような尻尾、背中には2組4枚の翼、全身はウロコで覆われている」という異形である。

　また先述のとおり、パズスは「砂漠の熱風と伝染病」を神格化した存在で、焼け付くような暴風を引き起こし、伝染病を風に乗せて蔓延させる。この伝染病とは、かつて幾度となく世界規模での大流行を引き起こし、何億人もの人間の命を奪った病気「黒死病（ペスト）」のことである。

パズスの像。背面には「我パズス、ハンビの息子、猛威を振るい荒々しく山から出てくる大気の悪霊の王者である」と刻まれている。フランス、ルーブル美術館蔵。写真：PHGCOM

古代メソポタミアの「悪魔」とは

　日本人が妖怪の存在を信じていたように、世界各地の文化には、神と人間の中間に位置する、精霊のような超自然的な存在がいる。パズスも同様で、神というよりは精霊に近い存在だ。彼らは人間に対して悪事もするが、純粋な悪ではなく、うまくつきあえば人間に恩恵を授けてくれる。

　例えば冒頭で紹介した「かつて多数作られたというパズスの彫像」は、妊娠中の女性が、自分と胎児を病気や災いから守るための、魔除けのお守りである。

最近じゃ覚えてるひとも少ないかもしれないけど、1973年にアメリカと日本で大ヒットした「エクソシスト」っていうホラー映画にパズスがでてくる。DVDで借りて見てみてくれよ、すげー怖いぞ……。

アンラ・マンユ

すべての悪がここにある

宇宙 / 概念 / 異界

欧文表記：Angra mainyu　別名：アンリ・マンユ、アングラ・マインユ、アーリマン
出典：ゾロアスター教の聖典『アヴェスタ』など　出身地：ペルシア地方

すべての悪を生み出す魔王

　魔王という存在を「すべての悪しき者を支配する存在」と定義するならば、世界でもっとも「魔王」の呼び名にふさわしいのは、このアンラ・マンユということになるだろう。アンラ・マンユは、ペルシア（現在のイラン）で生まれた宗教「ゾロアスター教」の悪の神である。彼は「悪」そのものを生み出した張本人であり、この世のすべての悪しき者を支配し統率している悪の最高神である。

　アンラ・マンユは醜悪で無慈悲、嫉妬深くて強欲という、悪意の塊のような性格である。彼の究極の目的は、善の絶対神であるアフラ・マズダを打ち負かし、世界の支配者となって世の中を悪一色で染めることにある。

　その目的を達成するため、創造神でもあるアフラ・マズダが何か新しいものを生み出すたびに、アンラ・マンユはそれと対立する悪の存在を生みだしてこの世に送り込む。こうしてアンラ・マンユは、善なるものを無価値にし、世界のすべてを乗っ取ろうとしているのだ。

魔王の手先「ダエーワ」

　魔王アンラ・マンユは、世界を悪で満たすために、自分の部下として悪を広めてまわる霊的な存在「ダエーワ」を無数に作り出した。キリスト教の悪魔と違ってダエーワには男女の性別があり、女悪魔は「ドゥルジ」と呼ばれることがある。

　アンラ・マンユは、われわれ人間が住む世界にダエーワたちを派遣し、善の創造物（天使）であるヤザタやフラワシたちを攻撃して、この世が悪に染まるよう仕向けている。その攻撃は巧妙だが、いつでもうまくいくわけではない。そればかりか、世界を「悪」で満たそうとしたアンラ・マンユたちの行動は、めぐりめぐって世界に「善」を広めるきっかけになってしまうのだ。

　最高神アフラ・マズダが世界を作って間もないころのこと、悪神アンラ・マンユが、みずから生みだしたダエーワの大軍団を引き連れて世界に降り立ち、善の勢力に戦いをしかけたことがあった。この戦いはアンラ・マンユたちの勝利で終わり、彼ら悪の勢力の狙いどおり、この世の善なるものは死に絶えた。ところがこの直後、神聖な生物である雌牛の死体から、たくさんの善なる動植物が誕生、繁殖、繁茂した。死に絶えたはずの善は、かえって戦いの前よりも増えたのである。

このようにゾロアスター教の神話には、悪魔が善の創造物を破壊したにも関わらず、それがかえって世界に善の存在を広めるきっかけになるという物語が複数存在する。これにはゾロアスター教の「善と悪は対立するが、最後にはかならず善が勝利する」という思想が反映されているものと考えられている。悪は一時は栄えたとしても、最終的にはかならず敗れるのだ。

アンラ・マンユが作り出した悪

　アンラ・マンユが作り出した悪の代表格は、生物の「死」だ。
　ゾロアスター教では、生物の生命力が「死の力」に負けると、生物は命を落とすと考えている。しかも生物を殺した悪しき死の力は、死体の近くにとどまると考えられたため、信者たちは死体を素手で触らなかった。特に、ゾロアスター教の熱心な信者が死んだ場合、信者の善の力を打ち負かすほど強力な「死の力」が注ぎ込まれたと解釈されるため、修行を積んだ者でなければ、徳の高い者の遺体には近づくことも許されなかったという。
　そのほかの悪には、「伝染病」のように人間を苦しめる外的要因、「無知」のように人間を信仰から遠ざける内面的要因など、人間を苦しめるものはすべて悪だと定義されている。意外なところでは、四季のひとつ「冬」も、アンラ・マンユが作った悪の季節である。冬は作物が育ちにくく、ただ生きているだけで命を落としかねない季節なので、冬は悪神の創造物とされたのだ。
　また、人間以外の生物にも、存在そのものが悪とされる生物がいる。その代表格がハエである。不浄な死体に群がるハエは、死体や腐敗の悪魔とみなされた。ほかにも蛇、サソリ、狼やライオンなど、人間を襲う動物はすべて悪魔だとされた。さらに、人間を襲うわけではないが、外見が醜いガマガエルなどの生物も、アンラ・マンユの創造物だと考えられていた。

善神と悪魔の逆転現象

　このようにゾロアスター教では、善なる存在が「アフラ・マズダ」であり、悪の存在が「ダエーワ」と呼ばれている。ところがゾロアスター教発祥の地イランの東にある近隣国インドでは、この善悪が逆転してしまっているのだ。
　インドの神話では、善なる神々は「デーヴァ」と呼ばれている。これはゾロアスター教のダエーワと同じ単語だ。そして神のライバルは悪の種族「アスラ」であり、ゾロアスター教の善神アフラ・マズダの「アフラ」と同じ単語である。
　このように神と悪魔の逆転現象が起きている理由は、彼らの祖先の宗教対立にあると考えられる。自分たちが信じる神々を善、ライバル民族が信じる神々を悪とすることで、たがいに自分たちの正当性を主張したのだと思われる。

ゾロアスター教には、悪魔が肉体を持ってると考えてた時代と、悪魔は肉体を持たないと考えてた時代があるんだ。肉体のないアンラ・マンユは、あんたたち人間の体内に潜んで悪いことをするんだぜー。

悪しき概念「死」と「破壊」をふりまく
アジ・ダハーカ

欧文表記：Azi Dahaka　別名：アジ・ダハー、アジ・ダハーグ、アズダハー
出典：ゾロアスター教　出身地：ペルシア（イラン）

宇宙／概念／観音／**異界**

中東、アフリカの魔王

ゾロアスター教の破壊の魔王竜

　58ページで紹介した、この世のすべての悪を生みだした魔王アンラ・マンユは、その力によって恐るべき破壊の権化を作りあげた。破壊や死という「悪」を世界に振りまく怪物、アジ・ダハーカである。

　アジ・ダハーカは巨大な爬虫類の姿を持つ怪物である。3つの頭と3つの口、6つの目を持ち、広げると空が隠れるほど巨大な翼が生え、1000種類もの魔術を使いこなす。その姿はヨーロッパでいうところのドラゴンに近い。

　ゾロアスター教の聖典『アヴェスタ』には、アジ・ダハーカが善の神々と激しい戦いを繰り広げたすえに、スラエータオナという善の英雄に敗れるまでの物語が書かれている。だが、このとき敗れたアジ・ダハーカは殺されることなく、現在もダマーヴァンドという山の地下に幽閉されているという。

　世界を破壊しかねないアジ・ダハーカが殺されず幽閉されている理由は、その肉体にある。アジ・ダハーカの体内には、トカゲやサソリなどの、ゾロアスター教の教義で「邪悪」とされている生物が大量に詰まっているのだ。上で説明した戦いの最中にも、アジ・ダハーカの体を傷つけるたびに邪悪な生物が漏れ出していた。もしアジ・ダハーカを完全に殺してしまえば、体内に潜んでいる悪の毒虫たちが解放され、世界を埋め尽くしてしまうおそれがある。そのため善の神と英雄はアジ・ダハーカを殺すことができず、やむを得ず幽閉しているのだ。

イスラム教に取り込まれたアジ・ダハーカ

　ゾロアスター教が衰退し、本拠地ペルシャの人々がイスラム教を信仰するようになると、アジ・ダハーカは名前と姿を変えた。物語集『王書（シャー・ナーメ）』には、アジ・ダハーカが「ザッハーク」という名前で登場する。彼は1000年もの長きにわたって国を支配する悪の王であり、両肩から黒い蛇を生やしている。肩から生えた蛇は何度切っても再生してしまうが、「毎日人間の脳みそを食べさせれば蛇は死ぬ」という医師の診断を信じ、人食いのために国民を捕らえる残虐な王として描かれている。

アジ・ダハーカがドラゴンから人間に変わっているのは、元になった『王書』のお話に怪物が多すぎたからです。世界に怪物が山盛りだと、イスラム教の神様アッラーは何をしているんだって話になっちゃいますからね。

太陽狙って幾千年
アペプ

欧文表記：Apep　別名：アーペプ、アペピ、アポピスなど
出典：エジプト神話　出身地：エジプト

中東、アフリカの魔王

神聖な太陽を喰らう魔王蛇

　ナイル川がもたらす豊かな水と温暖な気候のおかげで、世界でも屈指の農業国だった古代エジプト。この地では太陽神の地位が非常に高く、太陽は善きもので、太陽を攻撃するものは悪と考えられた。このページで紹介する悪神アペプは太陽の天敵であり、世界を闇に包もうとする、魔王と呼ぶにふさわしい存在である。

　アペプの外見は巨大な蛇そのもの。ただしエジプトでは、横に広がった頭部を持つ「コブラ」という蛇が神聖な動物とされているため、邪悪なアペプはわれわれ日本人がイメージするような、頭が細長い蛇の姿をしている。その体格は世界屈指の大河であるナイル川と比較されるほど大きい。そして全身から耐え難い悪臭を放ち、血の凍るような恐ろしい咆哮をあげるという。

昼間の太陽が見えなくなるわけ

　古代エジプトでは、天空に昇る太陽は、太陽神が乗る船だと考えられていた。アペプは天空の航路上で太陽の船を待ち構え、太陽神を船ごと丸呑みにすることで、世界から太陽を奪おうとしているのだ。

　通常、アペプの試みは太陽の船に同乗している破壊神セトにより阻止されるのだが、まれにセトが敗れて太陽の船が飲み込まれ、世界から太陽の光が失われてしまうことがあるという。これは、太陽が月の影に隠れることで見えなくなる天体現象「日食」が発生する理由を、神話の形で説明したものである。

ラーの乗った船を襲うアペプと、それを撃退する戦神セト。カイロ・エジプト博物館蔵。

　日食のあと、アペプは神々からの攻撃を受け、飲み込んだ船とラーを吐き出してしまう。日食で隠れた太陽が、しばらくすると元通りに見えるようになる理由は、エジプト神話ではこのように説明されている。

エジプトの壁画では、アペプは上の写真のように、善の神に倒された姿でしか描かれない。これはエジプト人が、壁画は事実を確定させると考えたためだ。絵の中でアペプを倒し、日食が起きないようにしたのだな。

ソロモン72柱の魔神と"魔王"

ちょっとちょっと！ なんで魔王を語るのに私を呼ばないわけ？ 私は以色（いすら）える！ いにしえのソロモン王の後継者！ 召喚魔術師よ！ 私が使役する「ソロモン72柱の魔神」は、みんな魔王にふさわしい格の持ち主なんだからね！

中東、アフリカの魔王

ソロモン72柱の魔神とは

「ソロモン72柱の魔神」とは、ソロモン王という人物に召喚され、使役されたというキリスト教の72柱の悪魔「魔神」の総称をいう。

「王」の階級を持つ魔神バエルのイラスト。1863年、悪魔紹介本『地獄の事典』の挿絵より。

ソロモン王はキリスト教とユダヤ教の聖典『旧約聖書』に登場する、非常に深い知恵を持つユダヤ人の王だった。聖書に書かれていない伝説によれば、ソロモン王は神から天使と悪魔を使役する指輪を授かり、これを用いてユダヤ人の国をおおいに発展させたという。

このときソロモン王によって使役された悪魔（魔神）が72柱おり、それが「ソロモン72柱の魔神」と呼ばれているのだ。

魔王だらけのソロモンの魔神

ソロモン王72柱の魔神と、その召喚、使役方法について記した魔導書『レメゲトン』には、魔神たちはそれぞれ地獄に領地を持っており、数個から数十個の悪魔軍団を従えていると書かれている。つまりソロモン王72柱の魔神たちは、全員が本書11ページで紹介した「魔王の条件」の1番目を満たしており、「異界の魔王」に分類することができるだろう。

また『レメゲトン』では、魔神たちにヨーロッパの貴族を模した階級がつけられており、バエル、アスモデウス、ベリアルなど9柱が「王」の階級を持つ魔神と設定されている。これらの魔神を特に「魔王」と呼ぶことも妥当といえる。

はいはーい、えるちゃんに召喚された悪魔、アスタロトよー。ソロモン72柱の魔神は、みんなも名前を知ってるかもしれない有名で偉大な悪魔がたっぷり！ 魔王の宝庫と言っていいかもね〜♪

その弟子グレモリーで〜っす。まあおたがいにソロモンでの階級は「公爵」で、「王」じゃないんだけど……なんですかアスタロト様〜、事実なんだからしょうがないじゃないですか〜！

アジアの魔王
Dark Lords in Asia

　アジアは仏教の盛んな地であり、「魔王」といえば、仏教の開祖ブッダを誘惑して悟りを妨害しようとした魔物「マーラ」、または「第六天魔王波旬」のことを指します。ですがそれ以外にも、魔王と呼ぶべき邪悪な存在、地獄の支配者が数多く存在します。厳選した13体の魔王をお楽しみください。

「黄泉の国の底で、待ってるわよ……。」

イザナミ

人間殺しは水の元栓しめるだけ
ヴリトラ

欧文表記：Vṛtra　別名：アヒ　出典：インド神話『リグ・ヴェーダ』など
出身地：インド

異界

地上から水を奪う怪物

　人間が生きていくうえで必要なものを3つあげるなら、空気、水、食糧となるだろう。そして人間からこれらのものを奪う存在は、かならず「悪」である。インド神話においては「ヴリトラ」という存在がこの障害となっている。そもそもヴリトラという名前が「障害」「立ちはだかる者」という意味なのだ。

　ヴリトラは、巨体の人間の姿を持つ種族「アスラ」のひとりとして描かれたり、蛇のような怪物だとされることが多い。だが蜘蛛や手足のある蛇（つまりドラゴン）のような姿で描かれることも希に見られる。

　ヴリトラの宿敵は、初期のインド神話の主神、雷神インドラである。彼はインドラをおびき出すため、まず天から地上へ流れ落ちる川の水源を巨体でせき止め、次に暗闇をあやつって太陽を隠した。こうして地上に水不足と、太陽がないことによる食糧不足のダブルパンチを食らわそうというのだ。

　ヴリトラは、天界の水源を解放するために戦いを挑んできたインドラを返り討ちにして、インドラの身体を丸呑みにしてしまう。その後インドラは神々の助けによって救出されたが、インドラとの戦いで圧倒的な強さを示したヴリトラは、休戦とひきかえに強力な呪いをかけることを認めさせた。

　この呪いは、さまざまな条件を重ね合わせて、ヴリトラが神々によって傷つけられる可能性を徹底的に封じるものだった。しかしインドラはこの呪いの条件をくぐりぬける武器ヴァジュラを作らせ、ヴリトラを打倒したのである。

インドラのヴリトラ退治の意味

　インドラによるヴリトラ退治の神話は、インドの「雨期」と「乾期」のうつりかわりを神話で説明したものである。インドでは10月から6月まで、ヴリトラが水をせきとめ、雨がほとんど降らない乾期となる。7月になるとインドラがヴリトラを倒して天の水源が解放され、地上にはバケツをひっくり返したような大量の雨が降り注ぐ。インドラとヴリトラは、毎年この戦いを繰り返しているのである。

ヴァジュラとは、仙人の背骨から作った武器で、雷を発する力がある。仏教の仏具「金剛杵」は、このヴァジュラを模したものだ。ヴリトラは鉄でも木でも石でも傷つかないので、骨で武器を作ったのだな。

illustrated by 浜田遊歩

神も悪魔もこの魔王を倒せない
ラーヴァナ

欧文表記：Rāvaṇa　出典：インド叙事詩『ラーマーヤナ』　出身地：インド

特権を与えられたラークシャサの王

　インド神話には、神々の種族デーヴァと悪の種族アスラをはじめとして、多くの種族が登場してしのぎを削っている。このラーヴァナは「ラークシャサ族」という邪悪な種族を束ねる王であり、インドの二大長編英雄物語のひとつ『ラーマーヤナ』で主人公の宿敵として活躍する、インドを代表する魔王のひとりである。

　ラーヴァナは10の頭と20の腕、銅色の目、月のように輝く歯を持ち、身体は「山か雲のよう」と例えらえるほどに大きかった。ラークシャサ族はほぼ全員が邪悪な者であったが、それを治めるラーヴァナはもっとも邪悪であったという。武器は名剣チャンドラハース（月の刃）。破壊神シヴァから授けられた宝剣である。

多数の頭と手、武器を持つ姿で描かれたラーヴァナ。作者不詳。

　ラーヴァナは普通に戦っても十分に強いのだが、とんでもない特殊能力を備えていた。彼はデーヴァ（神）とアスラ（悪魔）というインド神話の二大最強種族に負けることがないのだ。この能力は、ラーヴァナが1000年におよぶ厳しい苦行や、自分の10個の頭をひとつずつ切り落とすという荒行のすえに、苦行の守護神である創造神ブラフマーから授けられたものである。

　この「神と悪魔に負けない」という特殊能力によって、ラーヴァナは神々でも手出しのできない魔王となり、天地を股にかけて暴虐の限りを尽くしたのである。

神が勝てない魔王を倒す方法

　『ラーマーヤナ』は、このラーヴァナを"人間の王子"ラーマが打倒する物語である。神々はラーヴァナの討伐をヴィシュヌという神に依頼し、彼は自身の分身を「人間の王子ラーマ」として転生させた。要するに「神でも悪魔でも倒せない」という特殊能力を無効化するため、人間となってラーヴァナに挑んだのである。

ヴィシュヌ様の妻、ラクシュミーと申します。神々がラーヴァナさんを倒せなくなるような力を得たのは、ブラフマー様が苦行の達成者に褒美を与える神だからです。お役目ですから妥協できないんですよ。

illustrated by コバヤシテツヤ

罪はひとつも見逃さない！
閻魔

欧文表記：Enma　別名：ヤマ、摩耶天など
出典：インド神話、仏教　出身地：インド

宇宙／異名／覇者／異界

インドから流れ着いた地獄の裁判長

　人間は死後、閻魔大王に生前の行いを裁かれる、というのは、日本人ならば誰でも持っている地獄のイメージだろう。だが実のところ、閻魔は10人いるあの世の裁判官のひとりに過ぎず、さらにその生まれは遠く古代インドにあるのだ。

　閻魔の起源は、インド最古の神話文献『リグ・ヴェーダ』に登場する、人類最初の兄妹夫婦の兄のほう「ヤマ」にある。ヤマは人類初の死者でもあり、死者の国への道を発見し、冥界の王になった。この逸話から、古代インドにおいては「善人は死後、ヤマのいる天界の楽園へ行く」とされていたのだ。

中国と日本で大きく変化

　時が過ぎると、ヤマの伝承の内容は「悪人は死後、地下にあるヤマの国へ連れて行かれ、そこで罰を受ける」と変化した。

　これが仏教に取り入れられて中国に伝来すると、ヤマは仏教の神「閻魔天」へと姿を変える。閻魔天は中国文化に触れて急速に「中国化」し、地獄を運営する官僚団の長と理解されるようになった。「中国風の着物、頭に冠、手に笏（細長い板）、黒く長いヒゲ、恐ろしい表情の大男」という日本でも知られた閻魔大王の外見は、このときに中国で生まれたものなのだ。

安土桃山時代（16〜17世紀）に日本で描かれた閻魔。

　中国化した閻魔大王が日本に伝わると、日本化した閻魔大王は「浄玻璃鏡」という鏡を持つとされた。これは死者の生前の行いを映す鏡であり、死者の裁判に活用されるものだ。また、閻魔大王はすべての生き物を救う仏「地蔵菩薩」でもあるという設定もつけくわえられた。こうして現在日本人が知る「地獄の裁判長」閻魔大王の姿ができあがったのである。

東京都文京区の「源覚寺」には、右目が濁った閻魔像があります。これは眼病にかかったおばあさんの身代わりになったからだそうで……やっぱり閻魔様って優しい方なんじゃないでしょうか？

めくるめく煩悩パラダイスへご案内
マーラ

欧文表記：Māra　別名：魔羅、魔、マーラ・パーピーヤスなど
出典：仏教　出身地：インド

宇宙／異界／**概念**／邪者

ブッダを堕落に誘った誘惑の魔王

　仏教は、紀元前5世紀のインド貴族「ガウタマ・シッダールタ」を開祖とする宗教である。ガウタマは通称を「ブッダ」といい、中国や日本では「釈迦」「お釈迦様」という尊称で呼ばれている。ブッダは長い瞑想のすえに煩悩を捨て去って「悟り」の境地に達し、生きながらにして仏となったのだが、悟りを目指すうえで最大の障害となったのは「マーラ」という魔王だったとされている。

　マーラは、仏教の前身となったインド古来の宗教「バラモン教」に登場する神であり、またの名をカーマという愛の神である。バラモン教ではサトウキビの弓を持ち、その弓矢で射た相手に愛欲をかき立てる神として知られていた。

　仏教におけるマーラは、原型であるカーマよりも悪魔的な存在だ。煩悩の化身であるマーラは、あらゆる煩悩を捨て去ることを目的としているブッダとは対極の存在であり、ブッダの修行をあの手この手で妨害する存在として登場する。

　まずマーラは、菩提樹という木の下で瞑想を続けるブッダのもとに、3人の娘を送り込んで性的に誘惑させた。だが娘たちは逆にブッダの言葉に感動して帰ってしまう。次に手下の怪物にブッダを襲わせ、あらゆる武器や炎を降らせたが、ブッダには指一本触れられず、武器も炎も美しい花束に変わり、まるで攻撃が通用しなかった。

　最終的にマーラ自身がブッダに語りかけ、悟りを求めるのをやめるよう誘惑したが、その甘言はブッダにより完全に論破されてしまう。敗北を認めたマーラは、ブッダの悟りを待たずに姿を消したという。

マーラと男性器のつながり

　マーラは漢字で「魔羅」と書く。これは日本で男性器を指す隠語となっているが、そうなった理由はきわめて単純だ。仏教の修行は、煩悩を断ち切って悟りに至ることを目的としている。だが妖艶な美女を見て、煩悩の代表格である性欲が高まると、男性器は勃起して、修行者が煩悩にとらわれていることを知らせる。つまり男性器は、仏道修行をさまたげるマーラそのものだという意味が込められているのだ。

魔羅が男性器の隠語である理由には、排泄を意味する古い日本語「まる」がなまったものだという説もある……あまりピンとこなかったか？　ほら、幼児が使う携帯用大便器を「おまる」と呼ぶだろう。アレだ。

アジアの魔王

illustrated by 星乃だーつ

第六天魔王波旬

打倒魔王は悟りの第一関門

欧文表記：Pāpīyas　別名：天魔、天子魔、他化自在天など
出典：仏教　出身地：インド

概念／宇宙／異界／覇者

人を惑わす欲望の化身

ブッダと仏弟子たちへ襲いかかろうとする第六天魔王波旬。葛飾北斎『釈迦御一代図会』より。

「第六天魔王」といえば、戦国時代の武将「織田信長」のあだ名として、よく知られた名前である。この第六天魔王とは、仏教の悪魔である「天魔」の最高位で、人間を誘惑して欲望のとりこにする。くだけた言い方をするなら「仏教の魔王」といえる。

第六天魔王の正式な名称は「第六天魔王波旬」という。この長い名前は「第六天」「魔王」「波旬」の３つに分解できる。

まず「第六天」とは、多層構造になっている仏教の天界（➡p137）のひとつで、別名を他化自在天という。この世界は、物欲や性欲から解放されていない魂が住む「欲界」のなかで最上位に位置する。次に「魔王」とは、74ページで紹介した、ブッダを誘惑した悪魔マーラのことを指す。また「波旬」も、マーラの別名パーピーヤスを漢字訳したものだ。つまり結論すると、波旬は「仏教の仕組みに取り込まれたマーラであり、第六天"他化自在天"の支配者」なのである。

織田信長が第六天魔王となったわけ

織田信長はなぜみずから魔王と名乗ったのか？　信長と親交があったキリスト教宣教師ルイス・フロイスの記録に、くわしい経緯が残されている。それによれば、織田信長が京都の東にある寺院「比叡山延暦寺」を焼き討ちしたとき、比叡山の僧侶を保護した戦国武将「武田信玄」が、大胆にも「天台座主（比叡山のトップ）」と名乗って、織田信長に非難の手紙を送った。そこで織田信長は、それに反論する手紙に、「第六天魔王」織田信長と書いたのだという。信長が生きている時代に彼が「第六天魔王」と呼ばれることはなかったが、のちの時代にフロイスの記録が広く知れ渡り、信長を「第六天魔王」とあだ名することが一般化したのである。

しんげんが「サシュ」で、のぶながが「まおー」なのか？
なんか「ボクの必殺技のほうがつよいんだ〜!!」ってケンカしてる男の子みたいにきこえるのだ。

アジアの魔王

皇帝への反乱は最悪の罪
蚩尤（しゆう）

欧文表記：Chiyou　別名：羌氏　出典：『史記』など　出身地：中国南方

宇宙／概念／異界／**覇者**

反乱を起こした悪の戦神

　世界がまだ神々に統治されていた時代、大反乱を起こした悪神がいた。神話時代の中国でもっとも大きな反乱を行った魔王、その名を蚩尤（しゆう）という。

　蚩尤の特徴は文献ごとに微妙に異なるが、体に動物のような形の部位があり、多くの手足を持つ点が共通している。例えば4世紀の怪奇物語集『述異記（じゅついき）』では、蚩尤は人間の体、牛の蹄（ひづめ）をもち、手は6本、目が4つあり、頭に角が生えている。そして髪の毛の一本一本が武器の形になっているという。別の文献では腕が8本、足が8本とされたり、「頭は銅、額は鉄でできている」とする文献もある。

　彼は強力な神通力（じんつうりき）を持ち、忍耐強く、野心にあふれていた。蚩尤は戦争に使用する5種類の基本的な武器「五兵」（戈（か）・矛（ほこ）・戟（げき）・酋矛（しゅうぼう）・夷矛（いぼう）。どれも長い棒に刃物をつけた武器）の発明者であり、悪神でありながら戦いの神として信仰されている。

　蚩尤の反乱は、父の復讐戦として行われた。蚩尤の父である炎帝（えんてい）が、のちに中国神話上最初の皇帝となる黄帝（こうてい）に敗れたため、蚩尤たち炎帝の子供がこれに反発したのである。蚩尤は数多くの反乱のなかでもっとも多くの兵力を集め、自分とまったく同じ能力を持つ70名以上の兄弟と、中国南方の各種族を味方につけて黄帝に挑んだ。蚩尤は神通力で生みだした風雨を利用してゲリラ戦を仕掛け、黄帝をさんざんに苦しめたが、最終的には敗れて処刑されたと伝えられる。

蚩尤の反乱が注目される理由

　中国には、「天から命じられた皇帝が世界を統治する」という思想がある。そのため皇帝に対する反乱は社会に賛同されないので、実際に反乱を起こした人物も「自分は皇帝の忠臣なので、皇帝に嘘を吹き込んでいる悪い家臣を倒すのだ」という理屈を使うことがある。この理論を「君側の奸（くんそくのかん）を除く」という。

　皇帝の権威は、反乱のとき「君側の奸」の理屈を使わなければいけないほど高い。このようなごまかしを使わず、正面から黄帝に反抗した蚩尤が、どのくらいの「悪」と考えられていたのか……日本人が想像するのは難しいものがある。

蚩尤は鉄と石を食うというが、これは昔から中国の南方で盛んだった製鉄技術をあらわしたものであろう。蚩尤は武器の発明者でもあるし、つじつまがあうというものだ。

アジアの魔王

特定方位限定・大凶魔王

太歳星君

宇宙／概念／異界／覇者

欧文表記：Taisui Xingjun　別名：太歳、太歳殷郊元帥、太歳神など
出典：儒教、道教　出身地：中国

中国凶神の代表格

中国では、有害な現象を呼び込む存在のことを「凶神」と呼ぶ。太歳星君は数多い凶神のなかでもっとも有名で、人々に恐れられていた。

太歳星君の外見は、おおまかに2種類のパターンに分かれる。片方は、中国の道士の服を着た人間そのものの姿。もう片方は人間をベースにした異形で、「首から頭蓋骨を下げた、三面六臂（3つの顔と6つの腕）の人型」または「眼球から手を生やした人間」という外見が一般的である。

中国の占星術において「太歳」とは、土星の正反対の位置にあるとされる仮想の惑星のことだ。この太歳のある方位は大凶で、その方角で何かをすれば、太歳星の神である太歳星君が災いをもたらすのだ。

太歳星君像。このように目から手が生える、異様な姿で表現されることも多い。撮影：CenkX

太歳の特徴と描写の移り変わり

1世紀ごろの歴史書『漢書』によれば、太歳はあくまで「土星の別名」にすぎなかったようだ。だが時代が進むにつれて、土星とは別の惑星「太歳星」が、土星の反対側にあると信じられるようになり、「太歳星がある方角の地中に、災いを呼ぶ怪物がいる」という伝承も生まれた。この形態の「太歳」は、全身に数千の目を持つ肉の塊で、土木工事などでこれを掘り出してしまった場合は、同じ場所にすぐに埋め戻さないと関係者が全員死んでしまうとされていた。

このように広く知られていた太歳だったが、中国の人々は太歳を恐れ、神として祭りあげているうちに、単なる惑星や意志なき怪物だった太歳を、人の姿や人格を持つ神として信仰するようになっていった。それがこのページの前半で紹介した太歳星君である。以降、太歳星君は『封神演義』などの民衆文学にも登場し、その知名度をより高めていったのである。

『封神演義』では、太歳星君は中国の殷王朝の皇帝「紂王」の息子だという設定になっている。おいおい、神の父親が皇帝なのか？　なかなかスケールの大きな国だな、中国というのは。

1日1000殺がノルマです
イザナミ

別名：黄泉津大神、道敷大神　出典：日本神話、古事記　出身地：日本

宇宙／概念／覇者

異界

創造神から冥界神への転落

　日本神話における夫婦神、イザナギとイザナミは、何もない海をかきまぜて足場となる島をつくり、そこで交わって日本の国土を生んだ、はじまりの神である。だが、ふたりのそのあとの運命は完全に分かれてしまった。夫イザナギがこのあとも地上で多くの神を生み出し、のちの最高神アマテラスの親となった一方で、イザナミは死者の世界に取り残され、人間を呪い殺す魔王と化してしまったのだ。

　日本神話の死者の世界は「黄泉国」という。ここは洞窟の中、もしくは山の上にあるという場所で、黄泉比良坂という坂を歩いて行くことができる。黄泉国に住む死者の肉体は痛んでおり、生前は美しかった者でも醜い姿になってしまう。

　イザナギとイザナミが黄泉国に行くことになったのは、イザナミが火の神を産んだとき、火の神の熱で女性器を火傷して死んでしまったからだ。黄泉国に送られた妻を取り戻そうとしてイザナギは黄泉国に入るのだが、薄暗い黄泉国で再会した彼女と交わした「決して自分の姿を見てはならない」という約束を破り、彼は醜く変わり果てたイザナミの姿を見てしまったのだ。

　イザナギは怒ったイザナミがけしかけた黄泉の鬼女「黄泉醜女」の追撃を振り切って命からがら逃げ出し、黄泉の入り口を岩で塞いだ。これに怒ったイザナミは「毎日人間を1000人殺してやる」と宣言した。日本の国土を作った母神が、人間を呪う黄泉の魔王「黄泉津大神」に変じた瞬間であった。

現在のイザナミ信仰

　このようにイザナミは夫とたもとを分かって最終的に黄泉の女神となったが、日本にはイザナギとイザナミの夫婦を祀る神社も多い。特にイザナミ信仰の中心となっているのが、近江国（現在の滋賀県）にある多賀神社である。

　『古事記』には、国土と神々を産み終えたイザナミは多賀の地で身を隠したという記述があり、夫であるイザナギを祀るならば妻のイザナミも祀るのが当然ということで、多賀神社はイザナギ、イザナミ両方を信仰する神社となっている。

アジアの魔王

この多賀神社というのはしたたかな神社でな、もともと日本では三重の伊勢神宮への参拝が人気だったが、「伊勢神宮のアマテラスの母親がいるから多賀神社にも寄ろう」と宣伝して多くの客を集めたそうだ。

都は美女が奪い放題♥
酒吞童子

別名：酒顛童子、酒天童子、朱点童子
出典：『酒呑童子絵巻』など　出身地：日本

宇宙／魔名／異界　覇者

アジアの魔王

京の都を恐怖の狩猟場に変えた鬼

　現在では数ある日本の妖怪のひとつとして認識されている「鬼」。だが平安時代ごろの日本人にとって、鬼とはこの世の「悪しきもの」「恐ろしいもの」の代名詞的存在だった。その恐ろしい鬼の頭領ともなれば、存在そのものが人間にとっての脅威となる大魔王のようなものだった。

　日本の伝承には、固有の名前を持ち、鬼の頭領として恐れられた者が複数いるが、もっとも有名なのはこの「酒呑童子」であろう。大の酒好きであることからこの名がついた酒呑童子は、日本の都である京都からほど近い大江山に拠点を置き、多くの鬼を従えていた。そしてときどき都に乱入しては、思うがままに人間を殺し、美女を誘拐して奉仕させていたという。

源 頼光の酒呑童子退治

　一説によれば鬼は身長6メートルとも15メートルともいわれ、人間が立ち向かうには強すぎる相手である。だが平安時代の武士で、怪物退治の伝説で有名な「源 頼光」と4人の部下たちは彼らを恐れず、策をもって立ち向かった。頼光たちは修行者の姿に変装して、大江山の鬼たちと仲良くなると、気分良くおだてたうえで「神便鬼毒酒」という毒の酒を飲ませた。こうして頼光たちは、酒と毒によって酔いつぶれた酒呑童子と鬼たちの首を切り落として、みごと都に平穏を取り戻したのである。

酒呑童子（左上）に舞を見せて油断させている源頼光とその部下たち（画面右下）。1831年、江戸時代の浮世絵師歌川国芳の作品。

　ちなみに頼光たちは酒呑童子の首を手柄の証として都に持ち帰ろうとしたが、道祖神（お地蔵様）から、不浄なものを都に持ち込むのは良くないと警告されたため、首を持ち帰るのをあきらめて道中に埋葬したという。

「童子」って、日本語で子供のことですよね。なんで大きな鬼を童子って呼ぶのか不思議で調べたら、日本では山の神様を「童子」と呼ぶ習慣があったからだそうです。へぇ、鬼って山の神様だったんですか……。

大嶽丸

パワーだけだと思わないでね

出典：浄瑠璃『田村三代記』　出身地：日本

属性：敵者／宇宙／異界／怨念

多彩な神通力を持つ鬼の頭領

「桃太郎」をはじめとする絵本などに描かれる日本の鬼は、筋骨隆々の体格を持ち、いかにも重そうな金棒を武器にしているなど、肉体的能力の高さを強調した表現をされることが多い。だが古い物語に登場する鬼は、ただ力が強いだけでなく、特殊な神通力をもっていることが珍しくない。このページで紹介する鬼の頭領「大嶽丸」は、酒呑童子と同様に人間たちをおびやかした鬼だが、作品中でまさに魔王と呼ぶにふさわしい多彩な神通力を見せたことで知られている。

鎌倉時代の物語集『御伽草子』の物語によれば、大嶽丸は伊勢国（現在の三重県）の鈴鹿山に住み着いた鬼の首領で、天候を自在にあやつって雲や嵐を呼び寄せたり、数千体に分身して戦うこともできたという。

また大嶽丸が仏教の守護神「阿修羅」から授かった3振りの名剣、「大通連」「小通連」「顕明連」は、手を離しても自在に空中を飛び回り、攻めも守りも完璧にこなす。さらにこの剣は持ち主に神仏の加護を与えるため、これがあるかぎり大嶽丸を倒すのは不可能だといわれていた。

坂上田村麻呂の大嶽丸退治

大嶽丸は、交通の要所である鈴鹿山で、民衆が都に運ぶ年貢などを横取りして民衆を困らせていた。そのためときの朝廷は、武勇で名高い武将である坂上田村麻呂に、大嶽丸討伐の命令を下したのである。

坂上田村麻呂の切り札は、同じ鈴鹿山に天下っていた天女「鈴鹿御前」だった。数年前に田村麻呂と恋仲になっていた彼女は、大嶽丸に色仕掛けをして、彼の守りの要である3振りの剣のうち、大通連と小通連の2振りを手に入れた。そして守りの薄くなった大嶽丸に、田村麻呂が挑む。

大嶽丸は神通力のかぎりを尽くして田村麻呂を攻撃するが、千手観音や毘沙門天の加護を得た田村麻呂には通用しない。田村麻呂は聖なる鏑矢で大嶽丸をひるませると、愛剣ソハヤを投げつけて大嶽丸の首を落としたのである。

やあやあ、マロこそは征夷大将軍、坂上田村麻呂じゃ！マロは東北征伐でいくつも武勲をあげたからの、のちのマロを主役にした話は、東北征伐を元ネタにした話が多いようじゃ。

アジアの魔王

日本最強の怨霊伝説
崇徳上皇

別名：崇徳院など　出典：史実、『保元物語』など　出身地：日本

日本三大怨霊の最強格

日本で広く知られた怨霊といえば、首塚が有名な「平 将門」、学問の神様「菅原道真」、そしてこのページで紹介する崇徳上皇は、「日本三大怨霊」と呼ばれる。なかでも崇徳上皇の祟りは長く、何と崩御後700年に渡って恐れられ続けたという。

崇徳上皇が隠岐で崩御し、怨霊と化した瞬間を描く浮世絵。江戸末期の浮世絵師、歌川芳艶画。

史実の崇徳上皇は「権力争いに敗れ、追放先の隠岐で失意のうちに崩御した悲劇の天皇」だ。その怨霊伝説は、崇徳上皇が起こした「保元の乱」の顛末が記された、平安時代末期の軍記物語『保元物語』にくわしい。それによれば崇徳上皇は反乱に失敗して流刑になったあと、犠牲者慰霊のために3年がかりで完成させた写経を朝廷へ送ったのだが、その受け取りを朝廷に拒否されてしまう。これに怒り狂った崇徳上皇は舌を噛み切り、写経本にその血で「日本国の大魔縁となる」と書いて海へ沈めた。

その後、京の都ではたて続けに凶事と災害が起き、崇徳上皇を陥れた者が次々に命を落とした。これを受けた朝廷は崇徳上皇を篤く弔ったのだが、その怨霊は長きに渡って日本を祟り続け、祟りが治まったのは19世紀だという。

怨霊伝説は後世の創作？

怨霊伝説にくわしい歴史学者、山田雄司は、崇徳上皇が怨霊とされた原因のひとつは、崇徳上皇の7代あとの天皇、後鳥羽上皇の影響だと考えている。山田によれば、後鳥羽上皇は死後に「自分が死後迷ったならば、怨霊となり祟りを起こす」と遺言を残しており、実際に敵対陣営で病死が多発して祟りが噂されていたのだ。『保元物語』の編集時期が後鳥羽上皇の怨霊騒ぎと重なっていることから、崇徳上皇の怨霊伝説は、後鳥羽上皇の怨霊騒ぎの模倣ではないかと推定できるのだ。

崇徳さんは島流しにされた隠岐でたくさん和歌を作ってるんだけど、極楽に行きたいとか淋しいとか、そういう作品ばっかりで、あんまり怨んでる感じがしないなぁ。とても祟り神にはなれなさそうだぜ。

増幅し続ける祟りの虚実
平将門(たいらのまさかど)

別名：新皇　出典：史実、『将門記』など　出身地：日本

守備／魔名／異界／覇者

アジアの魔王

関東独立を夢見た覇王

東京都千代田区、皇居の堀まで数十秒のオフィス街。数十階建ての高層ビルが建ち並ぶビルの谷間に、かつて天皇に弓を引き、現代では魔王として恐れられる武士「平 将門(たいらのまさかど)」をまつる首塚がある。

史実における平将門は、平家一族の武士で、平安時代中期、10世紀初頭に関東一円を支配した。将門は「新皇(しんのう)（新しい天皇）」を自称し関東の独立を目指したが、これによって日本と天皇の敵「朝敵(ちょうてき)」となり、討伐隊に敗れて戦死した。その首は

京の都から飛び去った将門の首が落ちた、とされる場所のひとつ「将門の首塚（将門塚）」。東京都千代田区大手町。

京の都に持ち帰られ、記録の上では日本初の「獄門(ごくもん)（晒し首）」の刑を受けている。

将門が死んだあと、日本各地において凶事や怪異が次々に発生したため、朝廷は将門の霊を鎮めるべく、伊勢神宮をはじめとした諸寺社に祈祷を命じた、という記録が残されている。これらの凶事や怪異はいつしか「将門の怨霊が起こした」とされ、数々の文献で「将門の首は腐らず、やがて関東へ飛び去った」などの虚実入り交じった逸話が記され、全国的に知名度の高い怨霊となったのである。

過剰に誇張された首塚の祟り伝説

将門の祟りの伝説は、20世紀に爆発的に広まった。なかでも「大蔵省が将門の祟りで多数の死傷者を出し、鎮魂祭を行った」「二次大戦後、日本進駐軍GHQが将門の首塚を壊そうとして祟りにあい断念した」という話が有名だが、どちらも誇張が激しく、実際には祟りを実感させるような異常事態は起きていないと言ってよい。

実際の平将門は、江戸幕府を開いた徳川家康が「神田明神」という神社の主宰神とするなど、江戸全体を守る守護神として現代でも信仰されている。GHQが首塚を残したのは、祟りにあったからではない……地元の人々が「我々が大事にしている、古代の王の墓」だと、首塚を壊さないよう必死に陳情したからなのだ。

首塚のちかくに住んでる人たちは、まさかどをこのへんの守り神だってゆってたのだ。こわくないからお参りしてくれって。
おどかしたりしないなら、お供えしてもいいのだ！

魔王に聞かせる物語
パヨカカムイ

別名：パコロカムイ、ウタラコロカムイなど　出典：アイヌの民間伝承
出身地：北海道周辺のアイヌ居住地

宇宙／異界／騒音／概念

伝染病への恐れが生みだしたカムイ

　疱瘡（天然痘）といえば1980年、人類の努力によって地球上からの根絶が宣言された、現在では馴染みのない病気である。だが天然痘は感染力と致死率が非常に高く、根絶された今なお世界各国が国策レベルで警戒する伝染病だ。この危険な病とさまざまな伝染病を撒き散らすアイヌの疫病神、それがパヨカカムイである。

　パヨカカムイは「歩く神」とも呼ばれている。そのとおりパヨカカムイは、基本的には姿を消したまま各地を放浪し、ときに手に持った弓を引き矢を放つのだが、この音を聞いただけで天然痘に感染すると言われている。またパヨカカムイが歩いた土地には伝染病が蔓延し、村などを歩けばまるごと壊滅してしまう。

　日本のアイヌ文化研究の権威である、萱野 茂が収集したアイヌの昔話のひとつに、このパヨカカムイの話がある。この話でのパヨカカムイは姿を見せており、弓矢は持っていないが、アラレ模様の着物を着ている。彼はある村に病気を広めにきたのだが、近くで出会ったその村の男があまりにうまくユカラ（物語）を語るので、感心したパヨカカムイは疫病を広めるのをやめて村の守り神になった……というものだ。

　彼らアイヌは、長くユカラを文化継承の手段として用いてきた。「ユカラが疱瘡（パヨカカムイ）を退けた」というパヨカカムイの話にも、ユカラの大切さと力を伝え、次代の若者達にユカラを学ばせるという意味があるのだ。

疫病神は津波も引き起こす？

　北海道の南東は釧路市の東、太平洋に面する厚岸町周辺には、パヨカカムイが人間の母体を借りて産ませたという、親と同様の疱瘡神「カスンテ」の伝承が残されている。この伝承はおおまかに「犯罪の咎でカスンテは殺された。だがカスンテは悪霊となり呪いを掛け、それによって多くのアイヌが天然痘で死に、わずかな生き残りも呪いで起きた津波に遭って死んだ」というものだ。なお後世の地質調査によって、厚岸町周辺には何度かの津波の痕跡が発見されており、カスンテの伝承はただの作り話ではなく、後世に津波の被害を伝える物語だと考えられている。

悪い神なら祀って守り神にしよう！　ということかあ。アジアの人たちって剛胆ですよね。こちらは悪と知ったら即バトルです。そもそも天使とまともに話す悪魔なんてほとんどいませんし。（グレムのほうを見ながら）

アジアの魔王

魔王に会える！日本の「魔王スポット」

日本には「祟り神」という概念があってな、人間に害をなす悪しき者でも、神として祭れば害を避けられると考える。そのため日本には「魔王が祀られている」場所が多いのだ。ぜひ行ってみるといいぞ。

東日本　第六天神社（だいろくてんじんじゃ）

第六天魔王波旬を祀る「第六天神社」は、関東地方を中心に、中部、東北地方にも分布する。欲望を捨て去れない者だけが生きる「欲界」を支配する存在だけあって、信仰すれば現世での御利益があるとして非常に人気があったようだ。

神奈川県茅ヶ崎市にある第六天神社の社殿。

東京　将門の首塚（まさかどのくびづか）

90ページで紹介した、平将門を祀る「将門の首塚」は、東京都千代田区、皇居の堀から歩いて数十秒の位置にある。塚を取り巻くオフィスビルは2017年に建て替えが始まったが、将門の首塚はそのままの姿で残されることが決まっている。

この地域に分布

京都　　　東京

京都　白峯神宮（しらみねじんぐう）

白峯神宮の拝殿。お堂の奥に崇徳上皇の霊が眠る本殿が見える。

崇徳上皇が怨霊となってから700年後、1868年に明治天皇が建立した神社。崇徳上皇失脚の原因となった戦争の戦場跡に建てられ、それまで讃岐国（香川県）にあったお堂から、崇徳上皇の霊を京都に戻したものである。

第六天神社って、昔は全国にあったんだけど、豊臣秀吉が「信長公が祀った神社をそのまま残しちゃヤバイ」って感じで、西日本の第六天神社を取りつぶしにしたらしいよ。だから関東ばっかに残ってんのかな？

アジアの魔王

南北アメリカの魔王
Dark Lords in Americas

　南北アメリカ大陸のなかでも中米地方には、人間を生け贄として捧げる習慣を持つ文化が多く存在しました。神々のなかでも残酷な性質を持つものは、現代人の目線で見ると邪悪であり「魔王」の条件を満たしています。この章では中米のふたつの文明、アステカ文明とマヤ文明で信仰されていた3組4体の魔王を紹介します。

貴様、生け贄は持ってきたんだろーな？

Illustrated by とんぷう

ツィツィミトル

テスカトリポカ

気まぐれなアステカの創造神

欧文表記：Tezcatlipoca　別名：テルポチトリ、ヨアリ・エエカトルなど
出典：アステカ神話　出身地：中南米

宇宙／観念／異界／現者

方位と色で能力を示す

　中米メキシコのアステカ文明といえば、生きている人間から心臓を摘出して神に捧げる人身御供の神事で世界的に有名だ。このページで紹介するテスカトリポカは、ほとんどのアステカの神と同じように心臓を求める神で、人間に生と死を与えるという、二面性を持つ。

　古い時期の信仰では、テスカトリポカはいつも投げ槍を手に持ち、自分が憎いと思うものを探し求め、風のように徘徊しているとされていた。そして気まぐれに人間を待ち伏せしてその生命を奪うのだ。襲われた人間がテスカトリポカを打ちのめせば、この神は打ちのめした人間の願いを何でも叶えるというが、神であるテスカトリポカを打ちのめすのはもちろん容易なことではない。

　時代が進むとテスカトリポカは、さまざまな得意分野を付け足されて最高神に近い存在になった。アステカの人々はテスカトリポカの増えすぎた得意分野を方位と色で区分けした。例えば青いテスカトリポカは南の方角と魔術の神、白いテスカトリポカは西の方角で知識と聖職者の神、といった具合である。

テスカポリトカを表したものと考えられている、人間の頭蓋骨を基材とした仮面。大英博物館蔵。撮影：Nic McPhee

異教徒により魔王となったテスカトリポカ

　このようにアステカで神として崇められていたテスカトリポカを、キリスト教徒は「悪魔」だとみなした。その原動力となったのは、16世紀のメキシコで活動したスペイン人宣教師、ベルナルディーノ・デ・サアグンの手記である。彼はこの手記で、テスカトリポカ信仰を「人間の心臓を生きながら引きずり出させる」邪悪な存在だと断じた。この記録を見たヨーロッパの人々は、テスカトリポカは悪魔や魔王のような存在だと理解するようになったのである。

絵画などにテスカトリポカが描かれる場合、その片足は黒曜石の鏡、またはヘビでできた義足になっている。怪物と戦って片足を引きちぎられたそうでな。いわゆる名誉の負傷というやつだ、勇ましいことだな。

アステカのデンジャラスおばあちゃん
ツィツィミトル

宇宙／異界

欧文表記：Tztzimitl　出典：アステカ神話　出身地：メキシコ

恐るべき精霊たちの頂点

　ツィツィミトルは「肉も皮もない女性の骨格のみの身体で、下半身にスカートを着た老婆」という、非常に恐ろしい姿で描かれる女神だ。ツィツィミトルの手足は鋭いかぎ爪のようで、これで憎いものを切り裂くのだという。

　彼女の部下である闇の精霊「ツィツィミメ」も危険な存在だ。ツィツィミメは死と悪の前兆で、目には見えないが、いつでもどこにでも存在して人々をおびやかすとされていた。またアステカ神話によれば、現在の世界は、地上にツィツィミメがあらわれ、世界中の人間を飲み尽くすことで終わると伝わっている。さらに日の出と日没には、ツィツィミメが太陽と戦うとされていた。アステカでは太陽信仰が盛んであり、太陽に敵対するツィツィミメたちと、それを配下に持つ筆頭のツィツィミトルが、どれほど恐れられていたかは容易に想像できるだろう。

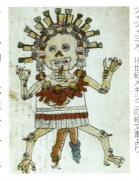

骨の女性として描かれたツィツィミトル、またはツィツィミメ。16世紀メキシコの絵文書より。

　ツィツィミトル自身は天界に住む始祖の母神で、「嫉妬深い庇護者」とも呼ばれている。神話においては、自身を裏切った者を執拗に追い詰め、それが溺愛していた人物であろうと容赦なく殺害するなど、非常に嫉妬深い傾向が見られる。

老婆の怒りはお酒のはじまり

　ツィツィミトルが庇護していた若く美しい女神マヤウエルも重要な女神である。彼女は風の神とともにツィツィミトルのもとから駆け落ちし、ツィツィミトルが気付いたときには「互いにからまりあう2対1本の木」に姿を変えていたという。激怒したツィツィミトルは、2本のうちマヤウエルが変じたほうだけを切り刻んで、骨以外のすべてをツィツィミメに食べさせた。その後、生き残った風の神がマヤウエルの骨を畑に埋めると、そこからは酒の材料になる植物が生えたという。

この「お酒の材料になる植物」は、リュウゼツランっていうでっかいサボテンみたいな植物なんだ。テキーラって知ってる？　あれはリュウゼツランの白くてどろっとした樹液で作ったお酒なんだぜ！

フン・カメーとヴクブ・カメー

悪意に満ちた死の神の王

宇宙／無名／異界／弱者

欧文表記：Hun-Came／Vukub-Came　別名：フン・カメ／ブクブ・カメ
出典：マヤ神話『ポポル・ヴフ』　出身地：中央アメリカ

騒音問題は世代を越えて

　中央アメリカのグアテマラに住む「キチェ族」の祖先は、現在のマヤ文明研究に大きな貢献を与えている神話『ポポル・ヴフ』を書き残し、現代に伝えている。フン・カメー（一の死）とヴクブ・カメー（七の死）は、冥界「シバルバー」の王たちの頂点に立つふたりの兄弟で、すなわちマヤ神話の冥界の魔王だ。

　『ポポル・ヴフ』からは、フン・カメーとヴクブ・カメーの外見や能力などはほとんど読み取れな

シバルバーの王の間を描いたもの。右側に座っているのがフン・カメーとヴクブ・カメーと思われる。撮影：Xjunajpu

い。ただし人間に病や飢餓、死や不幸を与える10人の王を配下に束ねていること、数多くの従者を持つこと、さまざまな動物を使役しているところから、ふたりが相当な実力者であることはうかがえる。

　『ポポル・ヴフ』の神話によれば、双子の兄弟が地上で球遊びをして大地を踏みならしたため、シバルバーの王たちを怒らせたエピソードがある。彼らは双子をシバルバーに呼び出して無理難題を押しつけ、解決できないことを口実に処刑したのだが、双子の片割れは首をはねられたのちに双子の息子をもうけるという離れ業に成功。この双子は、のちにシバルバーに侵入し、策略によってフン・カメーとヴクブ・カメーを討ち取ると、シバルバーに住む者たちを滅ぼし、冥界の力を弱体化させたという。

冥界の試練は知恵比べ

　シバルバーの王たちは、来訪者に無理難題を課し、四苦八苦する様子を楽しむための仕掛けを多数用意している。そして王たちは、来訪者が課題に応えられなかったことを口実に処刑して楽しむのだ。定番の手口は、来訪者を真っ暗闇の建物「暗闇の館」へ入れたあと、火を着けた松明と葉巻を渡して「これらを夜通し燃やし続け、決して灰にせず、朝に"渡したままの姿"で返せ」と命じるものである。

双子の英雄さんの活躍で、これまで生け贄を受けとっていたシバルバーには、ほんのすこしの捧げ物しか届かなくなったそうです。ざまあみろ、ですね！　双子さんたちグッジョブですよ！

どうしてこの人が「魔王」じゃないの？

なあなあ魔王さん、ここまでいろんな魔王に会わせてもらったけど……
何人か会わなきゃいけない人が抜けてる気がするんだよ。
どうして会わないことになったのかな？

ふむ、誰を紹介するかというところには個人の主観もあると思うが……
一応、私なりに考えた結果なのだがな。
それでは具体的に名前をあげてみるといい、理由を説明しよう。

候補1. ロキ（北欧神話）

なあ、北欧神話なら、ロキって神がいるじゃん！ 神様の宝物を盗んだり、神様をだましたり、不死身になったはずの神様を暗殺させたり、好き放題やってる悪党だろ。なんで入ってないのさ。

これは北欧神話の研究者のあいだでも意見が分かれるところなのだがな……ロキという神は悪事もするが善行もする、非常に気まぐれな神なのだ。しかも目立った手下もおらず、地道な活動ばかりしている。
神話研究の世界ではこういった神を「トリックスター」と呼んでいる。サーカスのピエロだと思えばいい。「魔王」と呼ぶには少々悪意が足りなさすぎるので、今回はリストから外させてもらったのだ。

候補2. 菅原道真

そういえば、88ページで「日本三大怨霊」というのを紹介されていましたけど、三大怨霊のなかで「菅原道真」さんだけ紹介していないですよね？ なぜなんでしょうか？

これはだな、ご本人が怨霊らしい言動を一切していないからだ。
崇徳上皇は、真偽はともかく「日本の大魔縁になる」と宣言したとされるし、平将門は朝廷に反乱を起こしている。だが菅原道真の場合は「彼の死後、京都で事故や病死、天変地異が多発した」せいで、怨霊になったと噂されただけなのだ。
さすがにこれを魔王と呼ぶのはご本人に失礼であろう。というわけで、三大怨霊のなかで彼だけは魔王から外させていただいた。

なるほど〜、意外に条件キビシーなぁ。
そう考えると魔王さんのチョイスが正しいようにも思えてきたかも。

もちろん最初にも言ったが、そもそも学問上の定義がないのだから、何を魔王と呼ぶかは個人によって違うだろう。「これこそ魔王！」と胸を張って言える者がいたら連れてくるがいい。

創作の魔王
Dark Lords in Fiction

ファンタジー作品によく見られる「世界を支配し、勇者に倒される魔王」というイメージは、源流を神話に持ちつつも、オペラ、歌、小説などの創作の世界で育ってきました。この章では第二次世界大戦以前に書かれた作品のなかから、4体の魔王を厳選して紹介します。

「フィクションの世界へいらっしゃ～い♪」

Illustrated by とんぷう

ニャルラトホテプ

詩人がつくった地獄の魔王
マラコーダ

欧文表記：Malacoda　出典：『神曲』　出身地：イタリア

宇宙／無名／覇者／異界

地獄の第八層につとめる獄卒の長

　マラコーダは、14世紀イタリアの詩人ダンテの小説『神曲』に登場する地獄の魔王である。彼は「マレブランケ」と総称される12体の悪魔の一員であり、リーダーとして同僚を引っ張っている。マレブランケたちはみな真っ黒な体に翼と鋭い爪を持つ悪魔で、番犬よりもすばやく飛び回ると書かれている。マラコーダという名前にはイタリア語で「災いの尾」という意味がある。

　この『神曲』は、作者の分身である主人公ダンテが、キリスト教の地獄や天国を旅行する作品だ。『神曲』の地獄は9層構造になっていて（➡p143）、その8番目の層は、悪意を持って罪を犯した者が痛めつけられる、10個の「嚢」に分けられている。マレブランケたちはこれらの嚢のうち、汚職や収賄の罪を犯したものが送り込まれる5番目の嚢「マーレボルジェ」で、死者の罪に見合った罰を与える地獄の獄卒なのだ。

主人公ダンテ（画面左）らが見守る前で、罪人を歴青（タール）の鍋に放り込み罰を与えるマレブランケたち。15世紀イタリアの画家、ジオヴァーニ・ディ・パオロの作品。

　マーレボルジェでマラコーダが指示する罰とは、煮えたぎる歴青（タール）に亡者を放り込み、熱さに耐えかねて亡者が顔を出せば、ふたたび歴青に沈めたり、鋭い爪で体を切り裂くという過酷なものである。

醜く愚かなマレブランケたち

　マラコーダとその部下たちは、罪人に容赦のない罰を与える恐ろしい獄卒だが、人間と同じような感情があり、仲違いをすることもある。作中では、マラコーダが地獄を旅するダンテたちをだまし、別の場所に連れ込もうとたくらんだ。ところが亡者のひとりがマレブランケたちをだまして脱走したため、マレブランケたちのなかで責任のなすりつけあいとが始まってしまい、結局ダンテたちを逃がしてしまうのだった。『神曲』は、このマレブランケたちの仲違いの様子をコミカルに描いている。

> マレブランケは12人いるけど、みんなクセが強くておもしろいやつらだぜ。『神曲』の翻訳本はたくさん出てるから、「地獄編」で、こいつらのおもしろいところを読んでみてくれよな。

シューベルトの魔王

子供の命を奪い去った名曲の魔王

欧文表記：Der Erlkönig　出典：歌曲『魔王』　出身地：デンマーク

宇宙／観念／異界／肉骨

世界的名曲が伝える魔王伝説

ヨーロッパの芸術大国オーストリアの作曲家、フランツ・シューベルトの傑作に『Der Erlkönig』という曲がある。日本語で『魔王』と訳されるこの曲は、シューベルトがドイツの詩人「ゲーテ」の詩『魔王』に衝撃を受け、一説によれば4時間以内に書き上げたというものである。

歌の内容は、父子が馬にふたり乗りして駆けている最中、子供が「魔王とその娘たちに追われている」と訴えるが、父親にはその姿が見えず、気の迷いだと勘違いをしてしまう。だが魔王と娘は本当にそこにいて、子供を言葉巧みに誘惑するのだ。耳を貸さず父に助けを求め続ける子供にしびれを切らした魔王は、力ずくで誘拐すると宣言して子供につかみかかる。苦しむ子供に何が起きているのか理解できていない父親は必死で馬を走らせるが、目的地にたどりついたときには、子供はすでに息絶えていた……という恐ろしい物語である。

シューベルトの『魔王』を描いたポストカード。モーリッツ・フォン・シュヴィント画。

歌のなかで子供が訴える内容によると、魔王は頭に王冠をのせ、尻尾を生やしている。そして状況から魔王の能力を推測すると、魔王と娘は特定の人物だけに姿を見せることができ、全速力で走る馬と同じ速さで移動し、人間の魂を身体から抜き去って殺害できるということになるだろう。

正体は樹木の妖精か

この曲の題材になったゲーテの詞『魔王』は、デンマークの伝承『エルルケーニヒの娘』の影響を受けて書かれたもので、「結婚を控えた男が妖精から頼みごとをされるが、それを断ったために男は死ぬ」という内容だ。日本で魔王と訳された曲名 Der Erlkönig は、ハンノキという木の妖精のことだとする説が有力である。

この曲は、あまりに弾くのが難しく「ピアニストがぞっとする曲」だと言われている。曲調も重々しく心を揺さぶるものだ。youtube などで「魔王　シューベルト」で検索し、超絶技巧を楽しんでみたまえ。

ニャルラトホテプ

大好きなのは人間の破滅

宇宙／概念／異界／賢者

欧文表記：Nyarlathotep　別名：ナイアルラトホテプなど
出典：クトゥルフ神話　出身地：不明

変幻自在の這い寄る混沌

「黒い人」ニャルラトホテプ。黒はニャルラトホテプのシンボルカラーと言える。Jens Heimdahl画。

1920～30年にかけて、アメリカの小説家H.P.ラヴクラフトを中心にした作家グループが作りあげた架空の神話体系「クトゥルフ神話」。ここには強大な力と世界への影響力を持ち、魔王と呼ぶのにふさわしい神が多数存在する。この本ではその代表格として、ニャルラトホテプという神を紹介しよう。

ニャルラトホテプは、かつて地上を支配していた神「旧支配者」の1柱だ。彼は「無貌なる神」であり、顔がないため外見は変幻自在という性質を持つ。もっとも有名な姿は「長身で漆黒の肌の、エジプトの王ファラオのような偉丈夫」だが、ほかにも「物理学者」「神父」「魔女をあやつる暗黒の男」などさまざまな姿で人間の前にあらわれる。一方で本来の姿は「這い寄る混沌」と呼ばれ、触腕、かぎ爪、手が自在に伸縮する不定形の肉塊で、顔のない円錐型の頭部を持つ、という異形である。

ニャルラトホテプは強大な力を持つが、それを振るわず言葉巧みに惑わし、裏でさまざまな陰謀を張り巡らせ、人間たちが自滅していく様子を見て楽しむという。

ニャルラトホテプの人気の秘訣

日本のクトゥルフ神話研究科である朱鷺田祐介は、ニャルラトホテプの人気はそのキャラクター性にあるのだという。クトゥルフ神話の邪神たちは高次元の超越的な存在ばかりで、人間には対話どころか理解さえ不可能である。だがニャルラトホテプは「人間との会話が可能」「陰謀好きで人間を惑わせては事件を起こす」「外見は変幻自在」など、身近で非常に扱いやすい。このためさまざまな作品に登場させやすく、結果として知名度を高めたというわけだ。

クトゥルフ神話によると、エジプトにある有名なスフィンクス像は、ニャルラトホテプの「這い寄る混沌」フォームの像って設定らしいぜー。あの像から触手がウネってたら相当キモいな！

今でも世界を狙っています
モルゴス

欧文表記：Morgoth　別名：メルコール、バウグリア、冥王など
出典：『シルマリルの物語』　出身地：不明

宇宙／異界

文字どおりの「諸悪の根源」

　イギリスの作家J.R.R.トールキンの作品『ホビットの冒険』『指輪物語』は、現代の創作に多大な影響を与えた作品群だ。エルフやドワーフ、さまざまなモンスターが登場する「剣と魔法のファンタジー世界」は、このトールキンの作品群によって作られたと言って間違いない。そしてファンタジー作品のお約束である、邪悪な魔王の原型も『指輪物語』に登場している。トールキン作品の背景世界である「中つ国」の闇に数千年前から潜む諸悪の根源、モルゴスである。

　モルゴスは塔のような巨体の持ち主で、鉄の冠を被り、真っ黒な甲冑を身に付け、手には地獄の鉄槌グロンドという杖と真っ黒で巨大な盾を持つ。また顔には傷があり、表情は常に怒りで歪み、手には焼け焦げた痕が残っている。

　ただしモルゴスは以下で説明する事情により、自分で動き回ることも中つ国に直接干渉することもできない。だが、過去にモルゴスが中つ国世界にばらまいた悪の種は、今も中つ国をむしばみ続けているのである。

モルゴスの追放とその置き土産

　モルゴスは世界がはじまる前に、最強の力と知恵を持つ存在として誕生した。だが生来から邪悪な傾向が見られた彼は、結局は数々の災厄を引き起こしたあと、世界を敵に回しての大戦争を幾度も引き起こす。

　最終的にモルゴスは敗北し、両足を切断され、魔法の鎖で縛り上げられたあと、この世の外なる虚空に投げ出された。こうしてモルゴスは、中つ国には絶対に戻れない、永遠の虚無へと追放されたのである。

　だが、モルゴスの撒き散らした邪悪の種は中つ国に残り続けた。まず、『指輪物語』の重要アイテム「ひとつの指輪」を作った悪の魔術師サウロンは、もともと善の存在だったが、モルゴスに誘惑されて悪に染まった。また、オークなどの悪の種族は、モルゴスが既存の生き物を改造して作ったものである。モルゴス本人は追放されたが、その残滓たる悪との戦いは、作中の時間軸で今も続いているのだ。

モルゴスというのは、こやつの敵対者がつけた名前で、本来の名前はメルコールという。魔王が敵から別の名で呼ばれるのはよくあることだな、かくいう私も本名は……ふふ、知りたければ魂を捧げるがいい。

盲点！驚きの事実発覚！

くそー、魔王ならなんかワルそうだからいいなーとか思ってた！
おのれ魔王めー、なんて意地悪で高度なワナなんだ！

後悔してもしょうがないよ！
とにかくメシアちゃんが魔王のものにならないように、
ふたりで協力してとりもどしましょう！

ねーまおー、約束どおり魔王をぜんぶ見てきたのだ。
次はなにのお勉強をすればいいのだ？
あたらしいお勉強したら、こんどはアイスをくれる約束なのだ！

 操縦法もバレてる〜！？

いやあ、実に楽しくなってきたではないか！

この次はメシアちゃんと一緒に「悪」と「地獄」を勉強しよう！

魔王資料編① 魔王に見る！世界の悪！

- 2種類の「魔王」を知るために、「悪」と「地獄」をお勉強しよう！……115
- 魔王で知る！「悪」の世界 「悪」とは何か？……116
- 悪がちがえば魔王もちがう！ くらべてみよう！ 東西の魔王……124
- くらべてわかった！ 悪が違うと魔王も違う……126
- 特別ロングコラム 日本語の"悪"と"魔王"の起源……127

> ハニエルはいつも、わるい子になっちゃだめって言ってるのだ。
> グレモリーは「りっぱなワルになれ」って言ってるのだ。
> でも、「わるい」っていったいなんなのだ？

メシアちゃんを「魔王の後継者」にするため
さらなる魔王のお勉強!

> 異界の魔王に告げます!
> 今すぐメシアちゃん様を解放しなさ〜い!
> メシアちゃん様を魔王にするなんて認めませんよ!

> そーだそーだ! メシアちゃんをかえせー!
> 魔王によるメシアちゃん独占はゆるさないぞー!

> もー、グレモリーもハニエルもうるさいのだー。
> 勉強が終わったらいちごアイスのチョコレートがけが待ってるのだ。
> はやくしないと溶けちゃうのだ〜。

> ふむ、ここまで楽にやれてきたが、さすがに最後まで思うようにはいかんか。せっかくメシアもやる気になっているところだ、ひとつ手を打つとしよう。

> グレモリーとやら、メシアを「闇のメシア」とやらにしたいようだが、闇のメシアに天使以外の敵はいないのか?
> 知恵がなければ食い物にされるのが悪の世界ではないのか?

> うっ……それは一理ある!
> オレたち悪魔だって、悪魔どうしで競争してたりするし……。
> かしこくなかったら、よからぬことを考える悪魔が出てくるよな。

> ああ、私の講義を受ければ、悪の世界を生き抜く知恵がつくだろうな。
> そしてハニエルとやら。メシアとは人間を救う存在だと聞くが、「悪」のことを理解していなければ、誰を救えばいいのかもわからないのではないか?

> た、たしかに……。
> メシアちゃん様が「悪」についてお勉強することは、間違いなく「光のメシア」としてのお役目に役に立ちます!

> おはなし終わったのだー?
> じゃあすぐはじめるのだ! まっかなイチゴが待ってるのだ!

> わかったわかった、ふたりとも納得したようだし、始めよう。
> まったく、新しい娘でもできたように思えてしまうな。

2種類の「魔王」を知るために、「悪」と「地獄」をお勉強しよう!

10ページでも紹介したとおり、「魔王」と呼ばれる存在は、おおむね下のどちらかの特徴を持っている。お前が立派な魔王になるためには、魔王が魔王たる理由を知っておくことが大事だぞ。

「地獄の支配者」タイプの魔王

死者が移住し、辛い責め苦を受ける世界である「地獄」を管理している支配者です。

代表例:モート

「悪の帝王」タイプの魔王

悪魔をはじめとする「悪しき存在」を統率する帝王や、存在自体が悪そのものだとされる強大な存在です。

代表例:サタン

ここをチェック!

ここをチェック!

「悪」について勉強だな!

悪の権化として魔王になるなら、「悪」って一体何なのかを理解しなくちゃな。

→ 116ページへ!

「地獄」について勉強です!

光のメシアとして、悪い人が行く世界「地獄」のことは知っておきましょう!

→ 131ページへ!

魔王で知る！「悪」の世界
「悪」とは何か？

一般的にいって、魔王とは悪をなす者だ。
つまり立派な魔王になるためには、「悪」というのがどんなものなのかを知っておかなければいけないのだ。
そうだろう？　グレモリーとやら。

ああ、まったくそのとおりだぜ。
闇のメシアが悪いことを悪いと知っててするのと、悪いことと知らないでやるのじゃ、天国と地獄くらいちがうからな。

「悪」の本来の意味を調べてみよう

イギリスの辞書『ブリタニカ国際大百科事典』によれば、悪とは「原義は人間にとって有害な諸事象、あるいはそれらの原因をいう」とあります。

つまり本来の「悪」とは、倫理や道徳とはまったく関係がありません。天災や害獣など、人間にとって有害なものは、すべて「悪」だと考えられていたのです。

なお『ブリタニカ大百科事典』は、悪には「道徳的悪」と「自然的悪」が存在すると説明しています。道徳的悪は「人間の都合で決まる悪」であり、我々がイメージする「善悪」の概念に近いものです。一方で自然的悪は「人間に害をなすもの、あるいはその原因」を指します。つまり大洪水や地震、疫病や飢餓などが「自然的悪」なのです。

3時以外におやつをたべるのは悪い子って教わったのだ。
でも、地震とか病気も悪い子だなんて知らなかったのだ……。

おまえたち現代人が知っている「悪」は、長い時間をかけて成長してきたものだからな。
このページからは、世界各地の信仰や宗教を参考に、「悪」がどのように発展してきたのかを勉強していこう。

日本／ギリシャ神話に見る「自然的悪」

悪とは何か？①

「自然的悪」とは、人間に危害を加えるものを「悪」と呼ぶ考え方だ。「悪」という概念のなかでは、もっとも原始的なものだな。
まずはこの「自然的悪」の内容と、人間たちがこの悪とどうつきあってきたのかを、ギリシャ神話や日本神話を例にあげて紹介しよう。

116ページでも説明したとおり「自然的悪」とは、人間に危害を加えるもののうち、「何者かが意図したものではない」もののことを指します。

古来より人間は、これらの「自然的悪」を神や魔物に見立てて、人間に被害を与えることがないように祈り、仮に被害を受けた場合は、その「自然的悪」ができるだけ早く去るように願いました。

自然的悪の具体例

- 天災（地震、洪水など）
- 病気
- 猛獣の襲撃
- 寒さや飢餓
- 偶然の事故

 ## 日本／ギリシャの「自然的悪」とのつきあい方

古代ギリシャの信仰と、われわれ日本の信仰では、「自然的悪」について独特のとらえ方、つきあい方をしています。

そのつきあい方を、現地で信仰されている神々に紹介してもらいました。

雷神ゼウスが語る！ギリシャ人のつきあい方

ワシはゼウス、ギリシャ神話の主神じゃ。古代ギリシャでは、ワシのように皆に信仰されている神が、天変地異で人間を殺すことがある。それをギリシャ人たちは「神の怒り」だと解釈しておった。
つまり、雷に打たれて死んだ者は「雷神ゼウス様に無礼を働いたに違いない」という理屈じゃな。「自然的悪」が、神の怒りと解釈されておったんじゃ。

太陽神アマテラスが語る！日本人のつきあい方

はーいみんなー？　ニッポンの太陽神、アマテラスお姉さんだよ～。日本では、天災とか疫病みたいな大規模な「自然的悪」は、「祟り」だと解釈されることが多いんだ。誰かを怨んでいる有名人が死ぬと、その人は「祟り神」になって「悪」を運んでくるんだよ。被害をなんとかするには、その人を神として祀りあげて、怒りを鎮めてもらうんだ。

悪とは何か？② モーセの十戒に見る「社会的悪」

「社会的悪」とは、人間たちが共同生活する「社会」を便利にするために、一種の"しきたり"として禁止している行為だな。似たようなルールは動物も持っているぞ。群れは一番強いオスに服従し、一番強いオスだけがメスと子供を作る、などが典型例だな。

　地上に存在する生き物には「生存本能」と「種の保存本能」が備わっています。すべての生き物はふたつの本能を満たすために、利己的な行動を取ろうとします。他者から食べ物を奪ったり、繁殖のライバルとなるオスを殺す行為などが典型例です。

　ですが人間は、集団生活によって「社会」を作る生き物です。そのため人間は「社会」を維持するための暗黙のルールを作り、ルールを破る者を制裁する仕組みを作りました。これこそが原始的な「社会的悪」なのです。

 ### モーセの十戒はユダヤ教徒の共同体を守るもの

　こういった「社会的悪」を明文化した、もっとも基礎的な形が、ユダヤ教とキリスト教の聖典『旧約聖書』に見られます。神の言葉を聞く預言者モーセが、神と結んだ10項目の契約「モーセの十戒」です。十戒のうち後半の6項目は、人間どうしの「社会的ルール」を定めており、これを破る者は神に背く「悪」だとしています。

モーセの十戒の内容	戒律による社会的な利点
1. 主が唯一の神であること	
2. 偶像を作ってはならないこと	
3. 神の名をみだりに唱えてはならないこと	
4. 安息日を守ること	
5. 父母を敬うこと	社会の最小単位である「家族」を、親を中心に据えることで安定させる効果があります。
6. 殺人をしてはいけないこと	共同体内部での殺人を否定することで、治安を安定させ、外部と競う力（人口）を養います。
7. 姦淫をしてはいけないこと	不特定多数との性行為を禁じ、結婚契約によって作られる「家族」を強化します。
8. 盗んではいけないこと	労働力を、他者から財産を奪うより、財産を生み出すほうに振り分けます。
9. 隣人について偽証してはいけないこと	嘘を禁じ、誠実であることによって、戒律違反を防いで共同体を強くします。
10. 隣人の財産をむさぼってはいけないこと	「仲間から奪う」ことを否定し、共同体の仲間意識を高めて強くします。

ふたたびモーセの十戒に見る「宗教的悪」

悪とは何か？③

左のページで紹介した「社会的悪」は、人間の共同体を強くするために、どの宗教でも同じようなことが語られる、万能性の高い「善悪観」だな。だがしだいにその宗教でしか通用しない「善悪観」が生まれてくる。こんな感じにな。

人間はもともと、天変地異や疫病など、自分たちに理解できないものを恐れ、それらの存在に超常的な存在「神」の姿を見て信仰の対象にしていました。こうした素朴な信仰から発展し、教義、儀式、組織などをそなえたものが「宗教」です。

その後宗教は、死後の世界などの複雑な宇宙観、救済の理論などとともに、自宗派でしか通用しない独自の「善悪」を定めるようになっていきます。これが宗教的悪、一般的には「道徳」「戒律」などと呼ばれるものです。

 ## 「十戒」の4つは信仰を守るためのもの

というわけで、左のページで紹介した「モーセの十戒」をもう一度見てもらおう。
十戒のうち後半の6つは人と人の関係についての約束事だな。
そして前半の4つは神と人の約束……つまりこれが「宗教的悪」なのだ。

「十戒」最初の4項目の意味

1.主が唯一の神であること

ユダヤ教の信者が異教の神官に惑わされて改宗しないようにするため、自分たちユダヤ人が信じる唯一神以外に神は存在しないと定めています。

2.偶像を作ってはならないこと

信者が神の像などを崇拝すると、信仰の対象が像なのか神なのかわからなくなってしまいます。これを防ぐために、最初から像を作ってはいけないと定めています。

3.神の名をみだりに唱えてはならないこと

何にでも神の名前を持ち出すと、神の価値が軽くなってしまいます。そうならないように、神の名前を呼ぶ機会を制限し、ありがたみを維持しています。

4.安息日を守ること

信者は日々の忙しい生活のなかで、神への信仰を忘れてしまいます。そこで週に一度は「仕事をしてはいけない日」を作り、信仰を深めるために使うのです。

そうなんだー。
ほかの神サマにウワキしないように、神サマと約束したんだね！

悪とは何か？④ 仏教に見る、死生観からくる「宗教的悪」

人間の文明が発達すると、宗教はどんどん複雑化していく。すると宗教が定める「悪」の基準のなかに、現実世界での暮らしとはまったく関係がない、独特の善悪観が生まれはじめる。典型的なものが、仏教の「悟り」に関する善悪の話だな。

　自然の恐怖を和らげ、今を生きる助けになるのが、初期の宗教の存在意義でした。しかし文明が発展し、人間の暮らしに余裕が出来てくると、宗教の興味は「死後の世界に対する不安」から人々を救うことに移っていきます。
　世界の宗教は「死後の人間の運命」を定め、たいていの場合「死んだ人間は、ここではない他の世界に行く」と設定しました。そして「よりよい死後」を迎えるためのルール、すなわち「善悪観」を生み出したのです。その内容は、宗教が設定した「死後の世界」によって、大きな違いがあります。

仏教最大の悪は「悟り」の妨害

　仏教とはすべての苦しみから解放され「仏」になることを目指す宗教です。
　仏教の世界観では、人間は死ぬと新たな形で生まれ変わりますが、長い年月のすえ、宇宙とともに滅ぶことが定められています。しかし、修行によって「悟り」を得て仏になれば、生まれ変わりのループから抜け出し、宇宙の滅亡に巻きこまれずに済むのです。

悟れなければ、いずれ自分がこの世から消えちまう。だから悟りの妨害って、すっごく悪いことなんだぜ！ ブッダの悟りを妨害した74ページのマーラ様が、魔王って呼ばれるわけだよ。

悟りたければこの悪を避けよ！

　精神が「悟り」の境地にたどりつくには、財産や性欲、怒りや愛情などの「執着心」を捨てる必要があります。
　仏教には十戒という戒律がありますが、前半5つは全信者、後半5つは修行者向けの戒律で、後半には執着心を捨てるための禁止事項が書かれています。

仏教の「十戒」後半の5項目の意味

不塗飾香鬘（ふずじきこうまん）	……香水や貴金属の着用禁止
不歌舞観聴（ふかぶかんちょう）	……歌や音楽、踊りの鑑賞禁止
不坐高広大牀（ふざこうこうだいしょう）	……豪華なベッドの使用禁止
不非時食（ふひじしき）	……食事は一日2回。間食禁止
不蓄金銀宝（ふちくこんごんぽう）	……個人的資産の所有禁止

悪とは何か？⑤ イスラム教に見る、環境による「宗教的悪」

ここまで見てきた宗教は、温暖で雨の降る地方でつくられた宗教だ。しかし、もっと厳しい環境で生まれた宗教は、厳しい環境にあわせた独自の善悪観をつくりあげることがある。代表例として、砂漠で生まれた「イスラム教」という宗教の善悪観を紹介しようか。

イスラム教は、7世紀ごろ、アラビア半島でつくられた宗教です。砂漠の国アラビアの人々は、家畜の乳や肉とわずかな穀物、ナツメヤシという木の果実を食べて暮らしていました。

イスラム教の開祖ムハンマドは、アラビア半島で総勢200人という小さな信者集団を率いて、彼らを敵視する部族との戦いを繰り返しながら、強大なイスラム教帝国をつくりあげました。

イスラム教成立のふたつの特異性
- 戦乱のなかで生まれ育った
- 砂漠生活者の宗教である

"イスラム教ならでは"の独特な戒律

ただ生きていくだけでも厳しい環境と状況のなかで生まれたイスラム教では、ほかの宗教ではほとんど見られないようなことが「善」や「悪」と考えられている。この3つは典型的な例といえるだろうな。

重婚の許可
イスラム教徒の男性は、4人までの女性を同時に妻にできます。

戦い続けるムハンマドの部族では、夫が戦死して未亡人になった女性が激増していました。彼女たちを救うため、男性が複数の女性を妻として養うことが「善」となりました。

食物の制限（ハラール）
イスラム教徒が正しく調理した食べ物以外を食べるのは禁止です。

アラビアの砂漠は高温地帯であり、水分を含む食材はすぐに雑菌に汚染されてしまいます。食中毒を防ぐため、食べ物の扱いを厳格にする必要がありました。

立ち小便の禁止
果樹の根元に立ち小便をすることは重大な悪事であり、した者は重く罰せられます。

ナツメヤシの木は、アラブ人の生命を守る貴重な食糧源です。尿は樹木にとって有害で、最悪の場合枯らしてしまうこともあるので、厳しく禁じられています。

悪とは何か？⑥ これが悪なの!? 驚きの善悪観

まおーまおー、いろんな神様の「いいこと」「わるいこと」をおしえてもらったけど、なんか言ってることがだいたい似てる気がするのだ。
人を殺しちゃだめー、とか、盗んじゃだめー、とか。

ああ、そのあたりはどれも「社会的悪」にあたるものだからな。
人間が共同生活をするうえで、やったら不利になることを「悪」としているわけだから、どの宗教でも同じようなことを言う。

だがな、これはあくまで「似たような生活をしている人間は、似たようなことを考える」というだけのことに過ぎん。特殊な生き方をしている者たちの宗教では、思いもよらないようなことが「善」や「悪」だとされている。比較するとおもしろいぞ。

むむむ……いったいどんな「善」や「悪」があるんでしょうか……？
これはちょっと気になります。

中米　自殺すれば天国へ!?　中米マヤの神話

　現在のメキシコにあたる中米地方には、アステカ文明、マヤ文明などの文明が栄えていました。彼らは人間の命について独特の価値観を持っており、生きた人間から心臓を取り出して太陽神に捧げるなどの儀式を行っていました。
　またマヤ文明では、天国に行ける死者は戦死者、聖職者、生け贄、出産時に死んだ女性、そして「自殺者」だけだと定められていました。自殺を禁じない宗教はありますが、自殺者が優遇される宗教はめったに見られません。

自殺者を楽園に導く、マヤ神話の女神イシュタムのスケッチ。首を吊った女性の姿で描かれている。

どうしてそうなるの？

病気の患者、苦痛や悲しみに悩まされている者は、食糧の生産などで社会に貢献できない。幸せに死んでもらったほうが「食い扶持」が減って、社会にとっては有利なのだ。

北欧　ベッドの上で死ぬな！　北欧の信仰

スウェーデン、ノルウェー、アイスランドなどの国は、ヴァイキングと呼ばれる海賊の本拠地として有名です。

この地方では、魔術の神オーディンや雷神トールを中心とする「北欧神話」の神々が信仰されていました。北欧神話では、勇敢に戦って死んだ者だけが、死後の楽園「ヴァルハラ」に行くことができます。一方で、病死した者、寿命で死んだ者は、極寒の地下世界「ヘルヘイム」に監禁され、永遠に出られないとされています。

アイスランドの高名なヴァイキング、赤毛のエイリークの木版画。1668年の作品。

どうしてそうなるの？

北欧では農地が貧しいので、外国から略奪しないと飢えてしまう。臆病者や戦えない老人を養う余裕などないからな、早いうちに名誉とともに戦死してもらったほうがよいのだ。

欧州　子作りは悪だ！　グノーシス主義の神話

グノーシス主義とは、「この世界は悪しき存在が作った牢獄であり、肉体は魂をつなぎとめる枷（かせ）である」と教える宗教の総称です。2世紀ごろから16世紀ごろまで、各地で起こっては消滅することを繰り返していました。キリスト教の唯一神を「自分が神だと勘違いしている愚かな存在」だと教える「キリスト教グノーシス」が特に有名ですが、キリスト教以外にもグノーシス主義化した宗教はあります。

「キリスト教グノーシス」では、物欲や権力欲、性欲などの物質的快楽をすべて否定し、すべての信者に「子供を作ってはならない」と教えていました。そのため後世に信仰を受け継ぐ者が途絶え、全宗派が短期間で消滅しています。

どうしてそうなるの？

「この世は悪の牢獄」だから、「新しい身体を作って魂を捕らえるのは邪悪な行い」だというのが彼らの理屈だ。子孫繁栄という本能を宗教で否定した、非常にまれな例だな。

悪がちがえば魔王もちがう!
くらべてみよう! 東西の魔王

西 キリスト教の魔王
ルシファー (→p26)

　ルシファーは、神に反乱を起こし、同僚の天使たちに敗れた「堕天使」の長です。キリスト教の教えでは、悪魔とは「神に背いた堕天使」だと教えているため、ルシファーはすべての悪魔の長ということになります。
　ルシファーの外見は、6枚または12枚の翼を持つ美しい天使だとも、毛むくじゃらの怪物だともいいます。

魔王としてのルシファーの行動

　キリスト教の聖書には、悪魔ルシファーを紹介する文章は見られません。それはルシファーという悪魔が、聖書よりもあとに作られた新しい存在だからです (→p26)。
　後世の解釈では、ルシファーは悪魔の首領サタンと同一人物だと考えられています。魔王サタンはすべての悪魔を統率すると同時に、自分自身も人間に対して悪事を働きます。その内容は「人間が悪事に手を染めるように誘導する」というもので、目的のためなら甘言、ウソ、おどしなど、どのような手段も使います。
　ただしキリスト教では、悪魔は現実世界に物理的に干渉することはできないので、魔王サタンといえど、人間を直接傷つけたり、天災を起こすようなことはできません。

ルシファーの支配する地「地獄」

　キリスト教の教えによれば、ルシファーは「地獄の長」だとされていますが、地獄でどのような活動をしているのかについては、『聖書』には具体的な記述がありません。
　地獄におけるルシファーの活動が広く知られるようになったのは、キリスト教の誕生から1000年以上のち、13世紀末の作品『神曲』がきっかけです。ダンテ・アリギエーリという詩人が書いたこの作品によれば、ルシファーは地獄の最下層、氷結地獄コキュートスで氷漬けになっています。そして、すべての罪人のなかでもっとも罪深い「裏切り者」を、その巨大な口で噛み砕いているといいます。

さて、このように「悪」の概念が宗教ごとにまったく違うことを説明してきたわけだが、ここで話を魔王に戻してみよう。
ここで紹介しているのは、世界の東西の代表的宗教、キリスト教と仏教で魔王と呼ばれる者たちだ。「悪」の概念が違うふたつの魔王、似ているところと違うところを比較してみるんだな。

仏教の魔王 波旬(はじゅん) (➡p76)

　仏教の魔王である波旬は、「天魔」「第六天魔王」の異名を持ち、「魔王」という漢字の元となった存在です。
　彼はまたの名をマーラといい、かつて仏教の開祖ブッダが悟りを開くための修行を行っていたとき、美女による誘惑、怪物による脅迫などを繰り返して、ブッダが悟りに至るのを妨害したことで知られています。

魔王としての波旬の行動

　波旬は「他の者の"教化(きょうけ)"を奪い取る魔」だとされています。教化とは、仏教を理解し、悟りに近づくことです。つまり波旬は、仏教の修行者が修行によって悟りに近づいたときに、その成果を奪い取って悟りから遠ざけてしまうのです。
　仏教には、あらゆる信者が守るべき戒律「五戒」と、それに悟りを得ようとする修行者が守るべき戒律5つを足した「十戒」があり、殺生、泥棒、嘘、飲酒、変態的な性行為、無用の贅沢などを禁じています。波旬は修行者がこれらの戒律を破るように仕向けるのです。具体的な手段は定かではありませんが、かつてブッダに対して行ったように、誘惑や脅迫によって人間の欲をかきたてるものと思われます。

波旬の支配する地 "他化自在天(たけじざいてん)"

　サタンと違い、"魔王"波旬が住む地は、いわゆる地獄ではありません。波旬が住まう地は「他化自在天(たけじざいてん)」といって、むしろ地上より快適に暮らせる場所です。
　仏教という宗教は、欲望や苦しみなど、あらゆる「執着心」を捨て去ることで、「悟り」と呼ばれる究極の真理にたどりつくことを目指す宗教です。「他化自在天」は、あらゆる欲望のなかでも淫欲と食欲を捨てきれない者たちが住む世界（地上を含む）のなかで、もっとも高位の世界です。ここに転生した人間は、食欲と淫欲を捨てることを目指して、悟りに近づくための暮らしを始めるのです。（➡p137）

くらべてわかった！ 悪が違うと魔王も違う

さて、キリスト教の魔王であるサタンと、仏教の魔王である波旬をならべて比較してみたわけだが、どうだったかな、メシアよ。
どこがどう違うのか説明できたら、おやつの時間にしよう。

わかったのだ！
サタンもハジュンも人間にワルいことしてるけど、
ぜんぜんちがうところがふたつあったのだ！

ここが違った！ 悪事の動機が違うのだ！

　ルシファー（サタン）は人類の敵ですが、神の敵ではありません。実はルシファーと手下の悪魔たちは、人間を誘惑して悪の道へ落とすことを、神から公認された仕事として行っているのです。キリスト教の教義においては「神」が絶対の権威であり、神の許可がなければ悪魔は悪事をすることもできないのです。
　一方で第六天魔王波旬は、みずからの意志でブッダの前にあらわれ、ブッダが悟りを開くことを妨害しました。波旬はブッダの誕生以前からこの世に存在しており、今も自分の意志で、悟りを求める修行者を邪魔し続けています。

ここが違った！ 職場のヤバさが違うのだ！

　ルシファーが住むとされる地獄は、死者が永遠の責め苦を受ける恐ろしい世界です。仏教にも似たような地獄はありますが、仏教最大の悪である波旬の住処は地獄ではありません。波旬が住む「他化自在天」は、地上よりも極楽浄土に近い場所です。
　キリスト教では、神を信じて善良に生きればそれだけで天国に行けます。ですが仏教では、悟りを開くまで何度でも転生しなければならないという違いがあります。この思想の違いが、魔王ルシファーが「地獄の番人」で、波旬は「悟りへと向かう関門（他化自在天）の支配者」という違いにあらわれているものと思われます。

そのとおりだ。だからメシア、お前もこの時代の悪をよく勉強して、時代にあった本物の魔王になるのだぞ。
約束の苺アイスだ、チョコレートも好きなだけかけなさい。

特別ロングコラム
日本語の"悪"と"魔王"の起源

うーん、オレたちって英語ではデビルとかデーモンとか呼ばれてるけど、日本だとみんなオレたちのことを「悪魔」って呼ぶんだよな。
カッコイイ字だけど、これってどういう字なんだ？

ふむ。私もかつてこの星に君臨した魔王ではあるが、さすがに東方で使われていた文字についてはあまりくわしくないな。
こういうときは専門家を呼ぶのが鉄則だ。声をかけてこよう。

日本神話の最高女神
アマテラス

日本のことならまかせてちょうだい！

日本神話の最高神にして太陽神。天地開闢（かいびゃく）から日本のことを見守り続けてきた日本の生き字引。昔は仏教の仏である「大日如来（だいにちにょらい）」と同一人物疑惑をかけられていたことがあり、仏教にもそれなりにくわしい。
外国から日本に流入してきた文化に興味津々で、「悪魔」についても一家言あったりするのである。

はーいみんなー？　呼んでくれてありがとうー！
日本の最高神、みんなのアマテラスお姉さんだよ〜。
何か聞きたいことがあるって話だったよね。どんどん聞いちゃって！

ああ、さっそくだが教えてもらいたい。
日本ではキリスト教のデビルのことを漢字で「悪魔」と書くそうだが、その成り立ちについて知りたいのだ。

なるほどねー。漢字っていうのは中国からの輸入品で、日本は真似っこしてるんだけど……オッケー、日本での使い方なら説明できるよ。まずは「悪」と「魔」の2文字について掘り下げてみようか！

おー、なんか本格的だな。
メシアちゃんのおやつとお昼寝が終わるまで、
ひとつよろしくお願いするぜー。

130ページまで、「悪」と「魔」の秘密にせまる！

「悪」という字のなりたち

まずは「悪魔」を構成する「悪」の文字からみていくわよー。この「悪」っていう漢字、今では「わるいこと」を意味する文字として使われてるけど、実はけっこう細かく意味が変わってきた文字なのよね〜。

悪という漢字は、「亜」という字と「心」という字が組み合わさった漢字です。
「心」については文字のイメージ通り、人間の心の動きを意味しています。それでは「亜」の文字には、どのような意味があるのでしょうか？

亜＋心＝悪

「亜」という文字が持つ意味

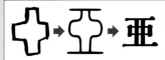

「亜」のなりたち

「亜」という文字は、お墓や建物の基礎として、地面に十字の形に掘る穴をかたどった象形文字です。この穴の中に石を置き、柱を乗せることで、建物を安定させるのです。
そのため亜という文字には「上から押さえつける」というイメージや、墓地に関連して「忌みつつしむ」というイメージがあると考えられます。

つまり
「悪」
とは……

説① 心がなにかに押さえつけられて、胸がむかむかするような心の動き

説② 墓地に入ったときに起こる、不快で、忌みつつしむような心の動き

という意味！

日本の「悪」はワルじゃない!?

こんなふうにして中国で作られて、日本に入ってきた「悪」っていう字なんだけど、日本だと、悪っていう字には「ワルい」以外の意味もあるんだよねー。
だいたい平安時代から室町時代くらいまで、悪っていう字は「力強い」っていう意味合いのほうが強かったんだ。だから「源 悪源太義平」みたいに、人の名前に使うこともあったんだよ。時代が変わると文字の意味も変わるんだねぇ。

特別ロングコラム 日本語の"悪"と"魔王"の起源

「魔」という字のなりたち

さあ「悪」の次は、悪魔の「魔」の文字にいってみよー！
……実はこの「魔」っていう文字、仏教のために新しく作られた、漢字界のニューフェイスだったりするんだよね。

マーラ（※サンスクリット語）　漢訳　まら　略字　ま
मार → 摩羅 → 魔

仏教がインドから中国に流入したとき、ブッダを誘惑した魔王マーラ（→p74）は「摩羅」と訳されました。ですが6世紀ごろ、この摩羅を省略した字体として、「摩」の手のかわりに「鬼」を入れた、「魔」という文字が発明されました。

つまり「魔」って漢字は、オレ様のことよ！

波旬

「鬼」という漢字がマーラをあらわす漢字の部品として選ばれたのは、中国ではもともと、霊体のことを「鬼」と呼んでおり、鬼が人間にさまざまな害をなすという思想があったからです。人間にまとわりついて、さまざまな凶事を運ぶ「鬼（悪霊）」は、ブッダを誘惑したり人間に害を運ぶマーラをあらわすのにぴったりだったのです。

それでは『悪魔』とは？

これで「悪」と「魔」の成り立ちがはっきりしました。それではこのふたつを組み合わせた「悪魔」という言葉は、どこから来たのでしょうか？

中国では、「悪魔」という言葉はマーラと同じ意味でした。つまりマーラをあらわす「魔」の字に、その性質をあらわす「悪」をつけて、意味を強めたのです。のちに「悪魔」の意味は拡大し、マーラの手下たちや、煩悩など悟りをさまたげる心の動きそのものも「悪魔」と呼ぶようになりました。

この「悪魔」は、仏教の経典とともに日本に入ってきました。しかし日本では、「悪魔」はマーラとその手下だけでなく、「災いの原因」を漠然と指す単語としても使われていました。

江戸時代の随筆『世事百談』に登場する妖怪「通り悪魔」。気持ちがぼんやりとしている人間にとりつき、その心を乱すという。

特別ロングコラム
日本語の"悪"と"魔王"の起源

DevilとSatanが悪魔と魔王になるまで

……と、ここまでが、キリスト教を知らなかった日本と中国で起こっていたことね。ここにポルトガル人がキリスト教を運んできて、キリスト教の言葉を漢字に翻訳する作業が始まるんだよー。

Devilが「悪魔」になった経緯

戦国時代の日本にやってきた宣教師がキリスト教を布教したとき、聖書にある「Diabolos」という単語、英語でDevil、現代日本で悪魔と呼ばれる単語は、日本古来の悪しき怪物である「天狗」と訳されていました。ですがそのあと、キリスト教信仰が禁止になると、聖書の単語の日本語訳も忘れ去られてしまいました。

明治時代になり、キリスト教が解禁されると、日本語版の聖書が作られはじめます。日本語版の聖書を作るにあたり、同じ漢字文化圏である中国語版の聖書でつくられた訳語が大いに参考にされました。ところが中国語版の聖書には「Diabolos」に対する統一された訳語がなく、「鬼」「悪魔」「魔鬼」などとバラバラに訳されていました。

ですが日本で「鬼」といえば、頭に角があり、人間を食べる巨体の怪物であり、Diabolosとはまったく似ていません。そこで日本の聖書翻訳者は「災いの原因」を漠然と指す単語（→p129）として定着していた「悪魔」を、Diabolosの訳語に採用したのです。

Satanが魔王と呼ばれるようになったわけ

小学館の辞書『大辞林』によれば、魔王とは「悪魔の王」という意味であり、具体的には「サタン」のことだと定義されています。

サタンが「魔王」と呼ばれるようになった経緯は不明です。ですが事実として、サタンが「Diabolosたちの長」であることは周知の事実でした。Diabolosが悪魔と訳された以上、サタンが悪魔たちの王、すなわち「魔王」と呼ばれたことは自然ですし、また日本にももともと、第六天魔王波旬を「魔王」と呼ぶ表現があったため、この表現は受け入れやすかったものと思われます。

というわけで、悪魔っていう文字は漢字だけど、デビルを悪魔って書くのは、中国にはない日本独自の表現ってことになるかなー。スマホもってる？ ちょっとgoogle翻訳で「devil」を中国語に訳してみて。

えーっと、devil、と……あっ、本当だ、「魔鬼」ってなりました！ 悪魔っていう文字は候補にも出てこないですよ。中国の方に「悪魔」って言っても通じないんですね〜。

魔王資料編②
魔王の住む！地獄巡りの旅

- しつもーん！
  魔王のおうちはどんな場所？……132
- 魔王たちが住む世界の傾向……133
- 地獄って、どんな世界？……134
- 世界地獄めぐり①
  仏教の地獄……136
- 世界地獄めぐり②
  キリスト教の地獄……142
- 世界地獄めぐり③
  ジャハンナム……146
- 世界地獄めぐり④
  ハデス／タルタロス……147
- 世界地獄めぐり⑤
  ヘルヘイム……148
- 世界地獄めぐり⑥
  クル・ヌ・ギア……149
- 世界地獄めぐり⑦
  ドゥザク……150
- 世界地獄めぐり⑧
  シバルバー……151
- 世界地獄めぐり⑨
  現実世界……152
- 地獄の魔王は邪悪なのか……154
- 魔王の手先小事典……156

おまえが魔王になるのなら、魔王が住む場所についてもあらかじめ知っておきなさい。多くの魔王は「地獄」と呼ばれる世界に住んでいる。いろいろな地獄があるから、ひとつ観光に行ってみようじゃないか。

しつもーん！

魔王のおうちはどんな場所？

「まおーって、まおーだったころ、どんなとこに住んでたのだ？」

「私か？ 私はもちろん、魔王の城に住んでいたとも。魔王城のまわりには城下町があってな、それはもう多方な臣民たちが住んでいたのだぞ。」

「私が魔王をやっていたころ、この星にはいろんな種族がいてな。種族どうし喧嘩もしたが、本格的な対立になる前に私が両方ねじふせていた。だから現代よりも平和だったな、現代は人間どうしで対立しても誰も止めてくれないから大変だ。」

「なんだかそう聞くと楽園のような……はっ、魔王にだまされてはいけません！ そ、それじゃ、ほかの魔王はどんなところに住んでいるんですか！
（話題をかえなきゃです～！）」

「ふむ、私以外の魔王か、一部はさっき直接見てきたとおりだが……いい機会だ。魔王という者が住んでいる世界について説明し、メシアがどんな魔王になりたいのか、はっきりとしたイメージを持ってもらおう。」

「あれれ？ なんだかさっきよりまずい流れの気がします！
メシアちゃん様、おねがいですから適当に聞き流してくださいね～！！」

地獄巡りの注意点

　これよりこの章では、世界の宗教に登場する死後の世界、地獄について徹底的に解説していきます。
　多くの宗教では、死後の世界の内容は明確に教典に定義されておらず、時代が進むにつれてすこしずつ変化していくのが普通です。そのためこの本で紹介する地獄の姿は、あくまで一時期その宗教の信者に信じられていた地獄の姿にすぎないことに注意してください。その時代の前後には、同じ宗教の信者が、別の形の地獄を信じていたかもしれないのです。

魔王たちが住む世界の傾向

ここまで総勢41組の魔王を紹介してきたわけだが、魔王が住んでいる場所には、だいたい決まったパターンがあるな。どの魔王が住んでいる場所も、ここにあげた4つのどれかにあてはまるはずだ。

魔王が住む4つの世界

地上の王国

人間が住んでいる地上世界に魔王が住む領域があり、悪の種族をしたがえて魔王国を形成しているパターン。

異世界

魔王国が地上ではなく、地上とは異なる世界に存在しているパターン。地下世界も含まれます。

地獄

死んだ人間が移り住み、悪魔によって責め苦を受ける世界「地獄」を、魔王が統治しているパターン。

遍在(へんざい)する

魔王には特定のすみかがなく、世界のどこにでも、魔王が同時に存在しているというパターン。

ふーん。なんかいろいろあるのだ。
まおー、それで地獄ってなんなのだ？
行ったことないからわかんないのだ。

たしかに、生きている人間は地獄に行ったことはないだろうな。
本人も興味を持っているようだし好都合だ。それでは、地獄というのがどんな世界なのかを教えるとしようか。

地獄って、どんな世界?

地獄とは、死んだ人間が暮らす世界だ。
もっとも「暮らす」といっても、楽しい暮らしではないがな。
地獄に送り込まれるのは、たいてい「良くない人間」ばかりだ。
彼らは地獄の番人によって、永遠に苦しめられ続けるわけだ。

最初に確認 ## 死んだ人間はどうなるの?

多くの神話と宗教は、人間が死んだあとにどうなるのかを定めています。

一部の例外はありますが、ほとんどの神話や宗教では、死亡した人間の魂は、地上を離れて異界に移住するとされています。

死者が移住する世界には、いくつかのパターンがあります。

死者が向かう世界の代表例

死亡すると → 魂は……

- **消滅**: 死亡した瞬間に魂が消滅するという、厳しい設定の宗教もあります。
- **昇華**: 死者は肉体の呪縛から解放されて、高次存在になるという思想です。
- **転生**: 死者の魂は記憶を消去され、ふたたび別の命に生まれ変わります。
- **刑罰**（今回のテーマ!）: 死後の世界に移った死者が、心身を痛めつける罰を受ける世界です。
- **空虚**: 死者の魂は、何も無い空虚な世界でひたすらに時を過ごします。

この本では、死者が長期間にわたって責め苦を受ける世界のことを、仏教が定める同種の世界の名前からとって「地獄」と呼ぶことにするそうです。
私たちのキリスト教では「ハデス」や「ゲヘナ」といいますね。

この章で紹介する「世界の"地獄"」

> それでは、これから見に行く地獄の様子を資料にまとめさせておいた。
> どの世界も危険だらけだから、迷子にならないよう気をつけるのだぞ。

世界の宗教には、「地獄」と呼ぶに値する世界がたくさんあります。

本書では世界各地のなかから、合計9個の「地獄」世界を紹介します。

9個の地獄の伝承地は以下のとおりです。宗教ごとの地獄観の違いに注目しながら、魔王とメシアたちの地獄巡りを楽しんでください。

世界に伝わる9の地獄

- 現実世界 (➡p152)
- ヘル (➡p148)
- 地獄（仏教）(➡p136)
- シバルバー (➡p151)
- ドゥザク (➡p150)
- クル・ヌ・ギア (➡p149)
- ジャハンナム (➡p146)
- ハデス／タルタロス (➡p147)
- 地獄／煉獄（キリスト教）(➡p142)

> とりあえず、最初はかならず次のページの「仏教の地獄」と、142ページからやってるキリスト教の「地獄／煉獄」から見ろってさ。そのふたつを見たら、あとはどれでも好きな地獄から見に行っていいぜ！

> すごいのだ！ 世界中あちこち行き放題なのだ！
> さっそく最初の「じごく」に行くのだ、
> それで知らないお菓子の食べ歩きなのだ～！

世界地獄めぐり①
仏教の地獄

帰属宗教：初期仏教　立地：異世界（地下世界）

 さて、最初に紹介するのは、アジアを代表する宗教「仏教」の教えに登場する地獄世界だ。とはいえ私は仏教にはくわしくないのでな、専門家をお呼びしてある。こちらが仏教の専門家、玄奘三蔵殿だ。

「孫悟空」のお師匠様！
玄奘三蔵（げんじょうさんぞう）

ご紹介にあずかりました、三蔵です。
仏教のことならおまかせください！

3体の妖怪をお供にして、中国から仏教の本場インドまで行き、大変貴重な仏教の経典を持ち帰ったとされる徳の高い僧侶。乗っている馬は、竜王のどら息子「玉龍（ぎょくりゅう）」が、悪事の罰として馬に変えられているもの。
　今回は、インドで誕生し、中国で完成した仏教の一派「大乗仏教」の地獄を紹介するため、専門家として魔王に呼び寄せられた。

仏教における「死」のしくみ

 仏教では、人間は死んでも何度も生まれ変わり続けると教えています。ヨーロッパの宗教などではあまり見られない考え方ですよね？
この仕組みのことを「輪廻転生」というんですよ。

　仏教では、人間の魂は肉体が死んでも滅びず、生まれ変わります。生まれ変わる先は、人間界の場合もあれば、地獄や極楽のような異世界である場合もあります。
　そして転生先で肉体が死亡すると、また新しい世界に生まれ変わるのです。

ぐるぐると転生し続ける人間の魂

極楽 ⇔ 人間界 ⇔ 地獄
（転生）

仏教の宇宙地図

左下のページでは、仏教の世界を「地獄、極楽、人間界」と非常に簡略化した形でご説明しました。本来の仏教世界は、もうすこし複雑な構造になっています。その一例をご紹介しますね。

日本で広く信仰されている「大乗仏教」では、宇宙のしくみを「三界」という構造で説明しています。三界とは「無色界」「色界」「欲界」の3つの世界の総称です。人間が住む世界「四大州」は、三界の最下層「欲界」の下から二番目の位置にあります。

人々はこの三界のなかで輪廻転生を繰り返します。生前の行いがよければ上の階層に、悪ければ下の階層に転生します。三界の頂点に近づくほど仏教の究極目標「悟り」に近づき、最高位の「有頂天」で悟りを開けば、仏になって(成仏)輪廻転生の輪から解放(解脱)されるのです。

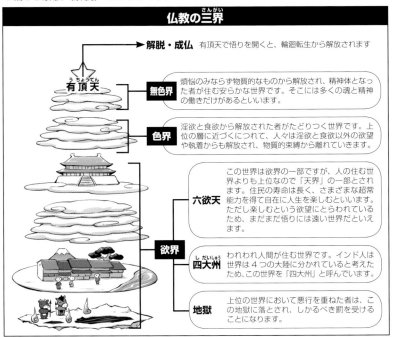

仏教の三界

解脱・成仏 有頂天で悟りを開くと、輪廻転生から解放されます

有頂天 — **無色界**: 煩悩のみならず物質的なものから解放され、精神体となった者が住む安らかな世界です。そこには多くの魂と精神の働きだけがあるといいます。

色界: 淫欲と食欲から解放された者がたどりつく世界です。上位の層に近づくにつれて、人々は淫欲と食欲以外の欲望や執着からも解放され、物質的束縛から離れていきます。

欲界
- **六欲天**: この世界は欲界の一部ですが、人の住む世界よりも上位なので「天界」の一部とされます。住民の寿命は長く、さまざまな超常能力を得て自在に人生を楽しむといいます。ただし楽しむという欲望にとらわれているため、まだまだ悟りには遠い世界だといえます。
- **四大州**: われわれ人間が住む世界です。インド人は世界は4つの大陸に分かれていると考えたため、この世界を「四大州」と呼んでいます。
- **地獄**: 上位の世界において悪行を重ねた者は、この地獄に落とされ、しかるべき罰を受けることになります。

ふむふむ、ずいぶんと奥深い世界なのだな。
次のページでは、いよいよ本題、仏教の地獄について説明していただこう。

仏教の地獄　罪人を罰する「八大地獄」

宇宙の構造の次は、いよいよ「地獄」に到着です。仏教の地獄は「八大地獄」といいまして、生前に犯した罪が重いほど、深い地獄に送り込まれます。さあ、どんな地獄なのか、体験してみましょう♪

へー、仏教の地獄ってこんなふうになってるんだな〜。
ところで「体験してみる」って……まさか罪人役をやれっての？
誰が！　……オレが〜!?

等活地獄　第一層
- **対象**：生き物を無用に殺した者
- **刑期**：500年
- **性質**：もっとも浅い位置にあり、罰の軽い地獄。この地獄に落とされた者は亡者どうしで殺し合い続け、死んでもすぐに復活するという苦しみを味わいます。

黒縄地獄　第二層
- **対象**：盗みを重ねた者
- **刑期**：1000年
- **性質**：地獄の獄卒が熱く焼けた鉄板に亡者を押しつけて焼き、縄で打ち、斧で切り裂きます。また、罪人に鉄の山を背負わせて縄の上を渡らせます。

衆合地獄　第三層
- **対象**：淫らな行いを繰り返した者
- **刑期**：2000年
- **性質**：刃が生えた木の上から、美女が亡者を誘惑します。亡者は体を切られながら木に登りますが、登り切ると美女は木の下におり、永遠に触れられません。

第四・五層
叫喚／大叫喚地獄

対象：酒を悪用した者、嘘つき
刑期：4000〜8000年
性質：この２層はよく似た地獄です。罪人は熱湯の大釜や猛火の檻に入れられ泣きわめきます。獄卒には弓矢を撃ち込まれ、焼けた鉄の地面を走らされます。

第六・七層
焦熱／大焦熱地獄

対象：嘘の説教、尼僧の強姦
刑期：1.6万〜3.2万年
性質：この２層もよく似た地獄です。亡者はこれまでの地獄とは比較にならないほど熱く苦しい炎で、五体をバラバラにされながら焼かれ続けます。

最下層
無間地獄

対象：両親や聖者の殺害
刑期：64000年
性質：最下層にしてもっとも苦しい地獄。64の目を持つ奇怪な鬼がおり、亡者はこれまでのどの地獄よりも激しい責め苦を受けることになります。

よ、ようやく終わりました……‼ どうして私まで……⁉
こんなにつらい責め苦を何百年、何千年と受けると知っていたら、人間のみなさんも悪いことなんてしないんじゃありませんか？

ちなみに刑期に書かれている年数ですが、これはあくまで地獄の一昼夜を１日とした場合の年数です。地獄の一昼夜はとても長いので、年数をだいたい200億倍から50兆倍くらいすると、地上の年数と同じくらいの時間になりますね。

ごじゅっちょうばい……そんな数、ならったことないのだ。
とにかく、すっごい長いってことはわかったのだ！

あーいたたた……こんなキツイのを億とか兆とか続けるのかよ？
そんなに続けたら、身体はいくら獄卒が生き返らせても、心のほうが持たないだろ。それでまた生まれ変わるんだろ？　たまんないなぁ。

地獄のしくみ

仏教の地獄

 仏教の地獄がいかに恐ろしいところか、よくわかっていただけましたね。
それでは怖い怖い地獄へ行かずにすむためにも、死んだ人が地獄に送られる条件と、地獄の運営方法についてご説明しましょう。

 ## 三途の川を渡り、裁判へ

死者の魂は「三途の川」を小舟で渡り、死者の裁判が行われる「閻魔大王」こと魔王ヤマ（➡p72）の宮廷に向かいます。

閻魔大王を筆頭とする10名の裁判官は、生前の罪をあばく鏡などを使って、死者の罪を明らかにしていきます。この裁判は死から7日おきに行われ、通常は7回、四十九日で終わりますが、長いと2年かかるとされています。

閻魔大王の裁判。明治時代の浮世絵師、河鍋暁斎画。

この裁判によって、死者が次にどの世界に転生するかが決められます。多くは地上に転生し、徳の高い者は天界に行きますが、罪が重い者は地獄に落とされるのです。

 ## 獄卒に管理される地獄

中国や日本の仏教では、地獄は閻魔大王を長官とする「官僚社会」になっています。閻魔大王と同僚が裁判官なら、地獄は刑務所であり、「獄卒」と呼ばれる役人が、閻魔大王の判決と照らし合わせて、罪人に科せられるべき責め苦を執行しているのです。

獄卒は、インドでは牛や頭の頭部を持つ人間型の怪物でしたが、中国や日本ではこの特徴が忘れ去られ、邪悪な鬼のような姿で描かれています。

亡者を鉄の臼で挽きつぶす獄卒たち。絵巻物『地獄草子』より。奈良国立博物館蔵。

 ……あれ？ まおー、「こくそつ」って、おやくにんなの？
あのコワイやつら、悪いやつじゃないの？

 うむ、そのとおりだ。彼らは上からの命令でやっているだけで、悪ではない。
悪ではないのになぜあんな恐ろしい格好なのかは知らんが、罪人に罰を与える役人が優しそうでは罪人に舐められる。合理的といえるだろうな。

仏教の世界のバリエーション

実はですね、ここまで紹介してきた仏教の世界構造や地獄の仕組みは、いくつもあるバリエーションのひとつでしかないんです。ほかにどんな地獄やどんな宇宙があるのか、少しだけ紹介しますね。

もうひとつの宇宙観「六道」

137ページでは、宇宙を「欲界、色界、無色界」に区切る宇宙観を紹介しましたが、仏教にはほかにも、世界を6つに分けて説明する「六道」という概念があります。

六道では、人間が住む「人間界」が、二番目に苦しみの少ない世界であると同時に、仏に出会って悟りを開くことができる、唯一の恵まれた世界だとしています。

「六道」の各世界

天道（てんどう）	天人という種族が住む、苦しみのない世界
人間道（にんげんどう）	人間が住む世界。唯一、仏と出会うことができる
修羅道（しゅらどう）	阿修羅が住む世界で、争いと怒りが絶えない
畜生道（ちくしょうどう）	人間に使役される動物。使われるばかりで救いがない
餓鬼道（がきどう）	常に飢えている怪物「餓鬼」が住む世界
地獄道（じごくどう）	138ページで紹介したような地獄の世界

八大地獄？ もっとあります

138ページでは仏教の地獄「八大地獄」を紹介しましたが、多くの仏典は、地獄にはもっとたくさんの種類があると説明しています。代表的なものは、八大地獄（八熱地獄）のそれぞれに対応する寒い地獄があるとする「八寒地獄」、八大地獄のそれぞれに4つずつ門があり、門の外に4つずつ小地獄があるため、8×4×4に本来の8を足して、地獄の種類が136種類に増える「十六遊増地獄」などです。そのバリエーションは数え切れないほどあります。

どうしてこんなにいろいろあるのだ？
せーかいはいっこしかないって、先生がいつも言ってるのだ。

初期の仏教では、「地獄」を細かく設定していなかったんです。でも自分が死んだらどうなるかって気になりますよね？ そこで仏教の地獄は、地元の信仰などを取り入れて各地で後付けで発展したんです。

なるほど〜、つまり開祖のブッダさんが教えてくれたのではなくて、そのあとの世代のお坊さんたちが考えたものなんですね。

世界地獄めぐり② キリスト教の地獄

帰属宗教：キリスト教　立地：異世界（地下世界）

さて、141ページまでは東洋の宗教である仏教の地獄を紹介したので、次は西洋の代表的な宗教、キリスト教の地獄を見学してみよう。案内役をしてくれる専門家は……おお、そういえばお前たちはキリスト教の天使と悪魔じゃないか。では、案内を頼むぞ。

キリスト教の「死」のしくみ

魔王に手を貸すのはどうなのかと思いますが……これもメシアちゃん様の勉強のためです、しかたありません！　まずは、キリスト教では死んだ人はどうなるのか、簡単にまとめましたよ～！

　キリスト教は、「人間は生まれつき罪を抱えているが、将来"最後の審判"で罪を許され、天国に行く」と教える宗教です。

　つまりキリスト教の死後の世界は、2段階に分かれています。「人間が死んでから、最後の審判を待つあいだ暮らす世界」と、「最後の審判のあとに暮らす世界」です。

　「最後の審判のあとに暮らす世界」は、天国と地獄の2種類しかありません。「最後の審判を待つあいだ暮らす世界」は4種類あり、生前の行いによってどの世界に行くかが決まります。

　4つある死後の世界のなかで「地獄」と訳されるのは、「ハデス」または「ゲヘナ」と呼ばれる世界です。しかし「煉獄(プルガトリオ)」という世界も、地獄に近い性質を持っているので、ここでは両方の世界を紹介します。

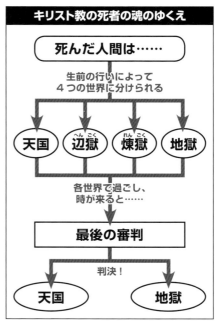

キリスト教の死者の魂のゆくえ

死んだ人間は……

生前の行いによって4つの世界に分けられる

天国／辺獄(へんごく)／煉獄(れんごく)／地獄

各世界で過ごし、時が来ると……

最後の審判

判決！

天国　　地獄

キリスト教の地獄　罪人を罰する9層の地獄

　キリスト教では、罪を犯した人間が罰を受ける世界のことを「ハデス」または「ゲヘナ」と呼び、日本ではこれを仏教と同じ「地獄」という漢字訳で表記します。
　キリスト教の『新約聖書』には、地獄の特徴について具体的な表記がほとんどありません。現在キリスト教徒がイメージする地獄は、14世紀イタリアの詩人ダンテ・アリギエーリの小説『神曲』で、以下のように描かれたものを元にしています。

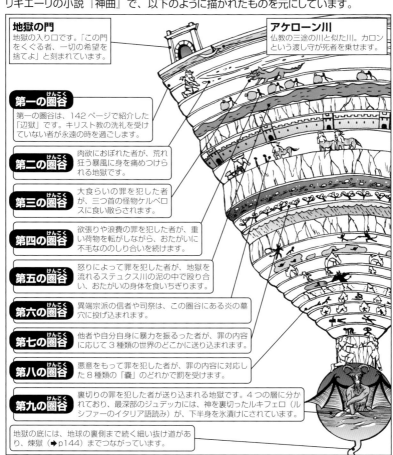

地獄の門
地獄の入り口です。「この門をくぐる者、一切の希望を捨てよ」と刻まれています。

アケローン川
仏教の三途の川と似た川。カロンという渡し守が死者を乗せます。

第一の圏谷（けんこく）
第一の圏谷は、142ページで紹介した「辺獄」です。キリスト教の洗礼を受けていない者が永遠の時を過ごします。

第二の圏谷
肉欲におぼれた者が、荒れ狂う暴風に身を痛めつけられる地獄です。

第三の圏谷
大食らいの罪を犯した者が、三つ首の怪物ケルベロスに食い散らされます。

第四の圏谷
欲張りや浪費の罪を犯した者が、重い荷物を転がしながら、おたがいに不毛なののしり合いを続けます。

第五の圏谷
怒りによって罪を犯した者が、地獄を流れるステュクス川の泥の中で殴り合い、おたがいの身体を食いちぎります。

第六の圏谷
異端宗派の信者や司祭は、この圏谷にある炎の墓穴に投げ込まれます。

第七の圏谷
他者や自分自身に暴力を振るった者が、罪の内容に応じて3種類の世界のどこかに送り込まれます。

第八の圏谷
悪意をもって罪を犯した者が、罪の内容に対応した8種類の「嚢」のどれかで罰を受けます。

第九の圏谷
裏切りの罪を犯した者が送り込まれる地獄です。4つの層に分かれており、最深部のジュデッカには、神を裏切ったルキフェロ（ルシファーのイタリア語読み）が、下半身を氷漬けにされています。

地獄の底には、地球の裏側まで続く細い抜け道があり、煉獄（→p144）までつながっています。

キリスト教の地獄 — 罪を浄化する「煉獄」

次は、死んだ人が向かう世界のひとつ「煉獄」を紹介しますよ。煉獄は、亡くなった人たちがつらい目にあうっていう意味では地獄と似ているんですけど、「がんばれば天国に行ける」っていう、すごく大きな違いがあるんです。

煉獄は、地獄に送られるほどではない罪を犯した人間が、試練によって罪を浄化するための世界です。ダンテの『神曲』では、煉獄は地球の裏側にあり、山のような形をしているため「煉獄山」と呼ばれています。

煉獄に送られた死者は、煉獄山のふもとから、自分が生前に犯した罪に対応する「環道」で、厳しい試練を受けます。必要な試練を突破して山頂にたどりついた者は、天国に移住することを許されるのです。

第7環道　色欲の罪を犯した魂たちが、プラトニックな精神状態で抱き合い、罪を悔いる場所です。

第6環道　暴食の罪を犯した魂が、飢餓のなかでおいしそうな食べ物を我慢し続ける場所です。

第5環道　どん欲の罪を犯した欲深い魂が、欲望が消え去るまで、地面に伏せて嘆き悲しみます。

第4環道　怠惰の罪を犯した魂が、飢えと渇きに耐えながら環道をえんえんと走り続けます。

第3環道　憤怒の罪を犯した魂が、煙で何も見えない世界で、ひたすら祈り続けます。

第2環道　嫉妬と羨望の罪を犯した魂が、まぶたを縫い合わされた状態で説教を聞く場所です。

第1環道　傲慢の罪を犯した魂が、巨大な石を背負ってひたすら歩き続ける場所です。

煉獄前庭　煉獄に入る資格が発行される場所です。資格を持たない人は、ひたすら前庭で順番を待ちます。

天国！
下から順にクリアして天国へ！

頂上へ向かってスタート！

ま、つまり地獄に送られるのは、もう更生の見込み無しってくらいどうしようもない悪党ってことだよ。気の迷いで悪いことをしてしまいました、っていう人間は、立ち直るチャンスがもらえるのさ。神様も慈悲深いよな〜。

キリスト教の地獄 他宗派における「地獄」の違い

ここまでキリスト教の死後の世界を紹介してきましたが、実はこの内容を信じているのは、キリスト教徒のなかでも「カトリック」という宗派の人たちだけです。ほかの宗派の人たちは、ちょっとずつ違う「死後の世界」を信じているんですよ。

プロテスタントの地獄観

キリスト教の主要宗派は3つあります。ひとつは教会を中心に組織されたカトリック教会。次は、教会の権威を否定して聖書中心の信仰を行うプロテスタント教会。そしておもに東欧で信仰される正教会（オーソドックス）です。

144ページまでのような地獄観を持っているのはカトリック教会の信者だけで、プロテスタントは「煉獄」の存在を認めていません。なぜなら煉獄はカトリック教会が聖典『新約聖書』の完成後に独自に生み出した概念であり、聖書には煉獄のことは一切書かれていないからです。

煉獄からの救済のイメージ画。1610年、イタリア人画家ルドヴィコ・カラッチ画。バチカン絵画館蔵。

オーソドックス（正教）の地獄観

日本では「正教」と訳されるオーソドックスの宗派では、プロテスタントと同様、煉獄という存在を認めていません。それだけでなくオーソドックスでは、地獄という存在について、ほかの2宗派とは違った解釈を取っています。

オーソドックスの考える地獄は、死者を痛めつけるための世界ではありません。なぜなら万物は神が創造し、神により愛されているからです。オーソドックスの考える地獄は、人の魂の内面にあります。神を畏れる人にとっては、神の愛は喜びとなりますが、神をあなどった悪人にとっては、神の愛が鞭の痛みに感じられるといいます。

つまり地獄の本質は、神の愛を素直に受け取れない精神状態にあるのです。

いろいろちがうけど、悪い子はみんなジゴク送りなのだ。
でもまおーになるなら、いまさらかんけいないのだ〜！

はっはっは、その意気だぞ。それでは次のページからは、仏教とキリスト教以外の神話や宗教で、地獄がどのように語られているのかを紹介していこう。
これまでの地獄と比較してみるとおもしろいぞ。

世界地獄めぐり③ ジャハンナム　イスラム

帰属宗教：イスラム教　立地：異世界（地下世界）

　イスラム教は、キリスト教や、その前身であるユダヤ教を参考に作られた宗教です。そのため地獄の特徴もよく似ています。また名前も、キリスト教の地獄「ゲヘナ」をアラビア語読みした「ジャハンナム」と呼ばれています。

 ## 宗教に応じた7種の地獄

　ジャハンナムは地下深い奈落の底に存在し、7層構造になっています。
　143ページで紹介したように、キリスト教の地獄では罪の種類によって死者が向かう層が決められていました。
　ですがジャハンナムでは、罪の種類よりも、生前にどの宗教を信じていたかによって、送り込まれる地獄が右にあげるように変わります。

ジャハンナムの7階層

ジャハンナム	……イスラム教徒が入る
ラザー	……キリスト教徒が入る
フタマ	……ユダヤ教徒が入る
サイール	……アラビアの原始宗教の信者が入る
サカル	……ゾロアスター教徒が入る
ジャヒーム	……多神教の信者が入る
ハーウィア	……偽物のイスラム教徒が入る

※下に行くほど過酷な地獄です

 ## ジャハンナムでの生活

　イスラム教の神アッラーは、できるだけ信者を地獄に送らないように、死者が生前に行った善を最大限に評価してくれます。そのためジャハンナムに行くのは救いようのない悪人と、異教徒だけです。
　ジャハンナムは無数の毒虫がうごめき、地獄の業火が燃え盛る世界です。死者はこの世界では、罪人の傷口から流れ出る臭い膿か、果汁一滴で世界の海（うみ）を毒水にするほど苦い、人面の果実しか食べることができません。

食べるものが苦くてクサいってだめなのだ！
この地獄は嫌いなのだ、たのまれたってぜーったいに行かないのだ！
おいしいものを食べられないところには行かないのだ！

世界地獄めぐり④ ギリシャ
ハデス／タルタロス

帰属宗教：ギリシャ神話　立地：異世界（地下世界）

　キリスト教において地獄の名前のひとつとして使われる「ハデス」とは、ギリシャ神話における死後の世界の名前、および死後の世界を管理する神の名前です。キリスト教の地獄観の一部は、ギリシャ神話に強く影響を受けています。

 ## ハデス：ほぼすべての死者が住む異界

　ギリシャ神話の死後の世界である冥界は、ハデスとペルセポネという神の夫婦神が支配する地下世界にあります。

　冥界はほこりだらけで暗い陰鬱な世界で、ここに肉体を失った死者の魂が暮らしています。地上において死者のために生け贄が捧げられると、流された血からすこしでも多く精気を取り入れようとして、死者の魂が蝿のように群がるといいます。

　古代ギリシャでは、現世で死んだ人々は一部の例外をのぞいて皆ハデスに行き、二度と地上に戻ることはできないと考えられていました。ハデスは死者を苦しめるための世界ではないのですが、無味乾燥な冥界での暮らしは辛く退屈なもののようです。なお死後に冥界に行かない「一部の例外」とは、華々しい功績をあげて神に気に入られ、星座に変えられたり、神の仲間入りをした英雄たちです。

 ## タルタロス：ハデスの底にあるよどんだ牢獄

　ギリシャ神話において、地獄にもっとも近い世界は、このタルタロスです。

　タルタロスはハデスよりさらに深い地下の底にあり、青銅の門と壁でつくられた金色の牢獄です。人間はこの世界に入ることができず、入ろうとしても暴風によって吹き飛ばされてしまいます。

　ではこの世界は何のためにあるのかというと、神々に反抗的な存在を永久に閉じ込めておくためにあるのです。

ハデスは一面が灰色で、生気のかけらもない世界だ。何の罪もない人間が、こんなつまらない世界に落とされたら気がおかしくなってしまうな。遺族は死者がすこしでもなぐさめられるように、生け贄の儀式で精気を運ぶ必要があっただろう。

世界地獄めぐり⑤ ヘルヘイム 北欧

帰属宗教：ゲルマン人の宗教　立地：異世界（世界樹ユグドラシルの下方）

　現在の北欧やドイツで伝承されていた「北欧神話」では、死者の住む冥界は「ヘル」または「ヘルヘイム（ヘルの世界）」と呼ばれています。また、ヘルという単語は英語圏において、キリスト教の地獄を意味する単語のひとつとして使われています。

 ## 凍える冥界と死者の館

　北欧神話の世界は、すべて「ユグドラシル（世界樹）」と呼ばれる宇宙規模の樹木の中に内包されています。死者の世界も世界樹のなかにあり、その世界は「ヘルヘイム」と呼ばれる、全体が氷に包まれた凍えるような世界です。

　ちなみに死者としてここに移住してくるのは人間だけではありません。北欧神話の神々は不老長命ですが外傷によって死ぬことはあり、死んだ神は人間と同様にヘルヘイムに移住することになるのです。

　死者はヘルの館エーリューズニルで暮らすことになりますが、この館は不吉な名前の使用人や家具、食器などが満載で、決して気分のいいものではありません。

 ## ヘルへの道と門番ガルム

　人間と神を問わず、北欧神話の世界で死亡して冥界ヘルヘイムに行くことになった人間は、世界樹を下ってヘルヘイムにつながる洞窟にたどり着きます。

　洞窟の入り口には「ガルム」という名前の番犬がおり、資格なく冥界に入ろうとする者を追い払い、資格ある者だけを洞窟に迎え入れます。ガルムはさらに、冥界から逃げだそうとする者を見つけて冥界に追い返す役目も持っています。

冥界の女神ヘルと、冥界の番犬ガルム。1899年、ドイツ人イラストレーターのヨハネス・ゲーツ画。

おお〜、かっこいいワンちゃんなのだ〜!!
でも、死んでないからここから先に入っちゃだめらしいのだ。
いつか死んだら、また会いにいきたいのだ！

世界地獄めぐり⑥ クル・ヌ・ギア

イラク

帰属宗教：シュメールの信仰　立地：異世界（地下 or 天界）

　紀元前 4000 年というはるか昔に、現在の中東の国イラク付近で伝承されていた「シュメール神話」。この地では、現世で死んだ人間は、エレシュキガルという女神が支配する冥界「クル・ヌ・ギア」に移住することになるといわれていました。

 ### 冥界の女王エレシュキガルの地

　古代メソポタミアでは、54 ページで紹介した女神エレシュキガルが冥界神として信仰されていました。彼女が支配する冥界クル・ヌ・ギアは川を渡った先にあり、その所在地は西の彼方だとも、地下世界だともされています。

　クル・ヌ・ギアの名前は「帰ることのない地」という意味で、一度死者としてこの世界に入った者は、二度とこの世界から出ることができないとされています。そもそもこの世界の支配者であるエレシュキガル本人さえも、クル・ヌ・ギアから出ることは許されていないのです。

 ### クル・ヌ・ギアでの暮らし

　クル・ヌ・ギアはあくまで、死んだ人間が暮らすだけの世界です。暗く乾燥していて、食べ物は粘土で、ホコリがごちそうとして提供されるなど、お世辞にも快適とはいえない生活環境ですが、命を落としてこの世界にやってきた人間を苦しめることを目的とした世界ではありません。

　ですがこの世界に住むにはリスクがともないます。クル・ヌ・ギアの魔王である女王エレシュキガルは、冥界にやってきた死者を食べることを楽しみにしているのです。エレシュキガルは地上に疫病をばらまいてまで、自分が食べる死者を確保しているそうです。冥界の支配者に食べられてしまうクル・ヌ・ギアは、まさに地獄と呼ぶにふさわしく、無事に暮らすことは困難だといえるでしょう。

自分が食べる死者を集めるために、地上に疫病を広めるなんて、とんでもない邪悪なデーモンですね！
神の名の下に討伐されるべきです！
……え、わたしが討伐？　むりむりむりです〜！

世界地獄めぐり⑦　ドゥザク　イラン

帰属宗教：ゾロアスター教　立地：異世界（地下世界）

　ゾロアスター教は、世界のすべてを「善と悪」の対立によって説明する宗教です。キリスト教の「邪悪な者に罰を与える地獄」という概念は、ゾロアスター教の地獄であるドゥザクを参考につくられたという学説があります。

 ### 「チンワトの橋」による選別

　ゾロアスター教では、死んだ者が天国に行くのか地獄に行くのか、そのどちらでもない中間界に行くのかを、「チンワト橋」という一本の橋によって決定します。

　地上で人生を終えた人間は、死から数日後に3柱の神の裁きを受けます。このとき、生前の善行と悪行が釣り合った者は、苦も楽もない死後の世界ハミスタガーンに移されます。釣り合わなかった者は、チンワト橋という橋を渡ることになります。

　チンワト橋は善良な者が渡るとだんだん広くなり、その先は天国につながっています。ですが邪悪な者が渡るとどんどん細くなり、最後は糸のような細さになってしまうため、邪悪な死者は決して橋を渡りきることができません。邪悪な死者の魂は、そのまま「ドゥザク」と呼ばれる地獄に転落してしまいます。

 ### 最悪の地獄「ドゥルジ・デマーナ」

　ゾロアスター教の地獄ドゥザクは「絶望の穴」という異名を持ち、非常に狭く、暗く、悪臭の漂う世界です。天候の変動も激しく、ここに住む死者たちは雪や雹（ひょう）、砂嵐、熱風などにさらされ続けることになります。

　ドゥザクの最奥部には「ドゥルジ・デマーナ（嘘の家）」という世界があり、もっとも悪しき死者の魂は、ここで毒虫や猛獣の餌食となり、灰や大便を食べさせられます。これらの責め苦はキリスト教のような神からの罰ではなく、このドゥルジ・デマーナに住む魔王アンラ・マンユ（→p58）の悪意によっておこなわれているのです。

「ちんわと橋」とか「さんずの川」とか「あけろん川」とか、死んだ人はなにかを渡ることが多い気がするのだ。
きっとあれが「このよ」と「あのよ」のさかいめなのだ。
死にたくないなら渡っちゃだめなのだー。

世界地獄めぐり⑧ マヤ神話
シバルバー

帰属宗教：マヤの信仰　立地：異世界（洞窟）

メキシコ東部、カリブ海に突きだしたコブのような形の半島、ユカタン半島。ここにある世界遺産「チチェン・イッツァ」は、9〜13世紀に栄えた中米の文明「マヤ文明」の遺跡です。ここには、地獄への入り口があると信じられていました。

洞窟のなかに広がる死の国

　マヤ神話の死後の世界は「シバルバー」と呼ばれています。シバルバーは地下に広がる広大な世界で、ユカタン半島にあるバランカンシェ洞窟から入ることができるといわれています。

　シバルバーには人間を害する邪悪な神々と、その眷属が住み着いています。彼らは生きた人間をシバルバーに呼び寄せたり、地上で飢餓や疫病をはやらせて世界に死を振りまきます。

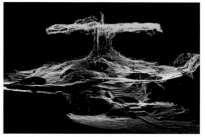

シバルバーの入り口だと信じられている、バランカンシェ洞窟内部の3Dスキャンデータ。作成：CyArk

生者でも立ち入り可能な死の世界

　世界の神話に登場する、多くの「死後の世界」と違って、シバルバーにはまだ生きている人間でも自由に入ることができます。

　しかしシバルバーへの旅は非常に危険なものです。この邪悪な洞窟世界には、来訪者をあざわらうような試練や、ただ来訪者を殺すために作られた施設など、致死性の罠が大量に仕掛けられています。シバルバーを支配する死と悪の神々は、来訪者が無残に命を落とす様子を見て楽しむとされています。

100ページで紹介した英雄さんたちのおかげで、シバルバーには悪い人や犯罪者、幸の薄い人やひとり淋しくしている人しか誘い込めなくなったそうです。……つまりですよ？　マヤでは、"ぼっち"は地獄行きの危険アリってことですよ！　気をつけましょう！

世界地獄めぐり⑨ 現実世界

世界全土

帰属宗教：グノーシス主義　　立地：地上

　123ページで紹介したグノーシス主義という思想では「現実世界は愚かで悪しき存在が作った魂の牢獄」だと考えます。つまりグノーシス主義においては、現実世界こそが人間を苦しめる「地獄」だということになるのです。

 ## なぜ現実世界を「地獄」だと考えるのか？

　世界に存在する多くの神話、宗教は、人間は神々によって作られた生き物で、神ほどではないが優れた存在だと説明しています。また、世界は神々によって作られたすばらしいものだと説明しています。

　しかし現実はどうでしょう？　世界には疫病がはびこり、飢えが常態化しています。人々は野獣に喰い殺され、人間どうしで殺して奪う戦争が多発していたのが過去の地球の現実でした。これでは現実世界こそが地獄ではないか……グノーシス主義の思想は、こんな素朴な疑問から生まれたのです。

 ## グノーシス主義の「地獄」観

　グノーシス主義化したキリスト教「キリスト教グノーシス」の世界観では、人間は「自分を神だと勘違いしている存在」ヤルダバオートが創造したものです。しかし神よりも愚かな存在であるヤルダバオートは、人間を自力で創造することができず、肉の人形のなかに自分の魂の一部を入れることで人間を生み出しました。

　ヤルダバオートの魂とは、かつてグノーシス主義の理想世界「プレーローマ」に住んでいた神の使徒が、ヤルダバオートを創造するために自分から切り離したものです。つまり人間の魂は、本来プレーローマに存在するべきものなのです。魂は本来あるべき場所に戻ろうとしますが、ヤルダバオートが与えた肉体が鎖のように魂の自由を奪っており、宇宙の果てに存在するプレーローマに旅立つことはできないのです。

現実世界が牢獄だなんて、ひどいことを教える宗派もあるものですね。この世は神様が作ったものですし、神様は全知全能なんです！あんまりいいかげんなことを世間に広めたら、私の上司のガブリエル様にお尻を叩いてもらいますよ！

地獄をもたない宗教

ここまで世界の宗教や神話に登場する地獄を紹介してきたわけだが、世の中には死せる悪人が害を受ける「地獄」の概念をもたない宗教もある。
具体的な例をいくつか紹介しよう。

世界の宗教のなかには「地獄」の概念をもたないものもめずらしくありません。有名な宗教や神話のなかでは、特に以下の３つが「地獄」をもたないことで知られています。

| 初期ユダヤ人 | ユダヤ人の死後の世界は「シェオル」といいます。『旧約聖書』が完成する前のユダヤ人は、死後の世界シェオルには自分たちの先祖が待っていて、そこで永遠に幸福に暮らすことができると信じていました。 |

| エジプト神話 | 古代エジプトでは、死後の世界で暮らすことができるのは善良な死者だけです。悪しき死者は裁判の直後、アメミトという怪物に食べられて魂ごと消滅してしまうので、悪人が行く死後の世界は存在しません。 |

| 日本神話 | 日本神話では、死者は「黄泉」と呼ばれる地下の異界に行きます。黄泉に住む死者は肉体が腐敗しており、黄泉自体も陰気で不潔な場所ですが、ここに住む死者が何者かによって苦しめられることはありません。 |

このように「地獄」をもたない宗教が生まれるのは、その社会の善悪観や死生観に大きく関係があります。

まず古代ユダヤ人の信仰や日本神話の信仰は、宗教の発展段階としてはかなり初期のものとなります。この時代の宗教の役割は、人々の恐怖心を和らげることです。つまり「死」に対する恐怖を和らげることが、善悪を規定することよりも重視されるため、人々が恐怖する「死」のあと、移住する世界は平穏である必要があります。

エジプト神話の場合、彼らは豊かな土地に住んでいたので「今の暮らしを死後も続ける」ことが死後の幸福だと考え、働かずに食べ物が得られる楽園ではなく、生前と同じような生活ができる世界を天国だと規定しました。そうなると、悪事をいましめるために地獄は必要ありません。「魂が消滅し、今の平穏な暮らしを続けられなくなる」と定めれば、それだけで悪事をためらうのに十分な抑止力となったのです。

地獄の魔王は邪悪なのか？

まおー、ちょっと教えてほしいのだ。
地獄にいる魔王って、悪いやつをこらしめるのが仕事みたいなのだ。
悪いやつをこらしめるのっていいことじゃないの？

ふむ、なかなかに鋭いな。さすがは私の後継者だけある。
たしかに、地獄を支配する魔王が、悪の存在かといわれると即答しがたいものがある。
ここはひとつ実態を調べてみるとしよう。

　本書ではここまで、死せる人間を苦しめる世界「地獄」を支配する者は「魔王」だと定義してきました。魔王という単語には「悪の権化」というイメージがありますが、地獄の魔王にも悪のイメージがつきまといます。
　では、地獄の魔王は悪の存在なのでしょうか？　本書で紹介した9個の地獄について、その支配者の特性を調べてみました。

地獄の魔王の「善／悪」一覧表

名前	善悪	備考
閻魔	善	悪しき亡者に罰を与える
サタン	善／悪	神の命令で人間の行動をさまたげる
イブリース	悪	邪悪な意志でアッラーに背き、交渉により悪事の権利を得る
ハデス	中立	冥界の管理という自分の役目を果たす
ヘル	悪	冥界を管理しながら、世界を滅ぼす機会を狙う
エレシュキガル	悪	死せる人間を食べ物扱いしている
アンラ・マンユ	悪	この世のすべての悪を神格化したもの
フン・カメーら	悪	人間をもてあそぶ邪悪な神
ヤルダバオート	悪	自分が神だと勘違いしている愚かな偽神

人間の都合で決まる「魔王」

……どうだ、地獄を支配する魔王は、基本的には悪の存在だが、善悪が定かでない者、明らかに神に忠実な者もいるだろう。
「地獄」とひとくくりにしているが、それぞれ事情が違うわけだ。

じごくもいろいろなのだー。
でも、なんでいろんなじごくがあるのだー？

メシアちゃん様、たしかにそうですね。私も知りたいです。
というか、そもそも「魔王」という言葉の意味が広すぎるのが問題なんじゃないかって気もしてきたんですけどね……。

　この本では、世界各地の宗教にある、邪悪な死者が苦しめられる世界「地獄」を集めて紹介してきました。その成り立ちを調べてみると、以下のふたつのパターンのどちらかに分類できることがほとんどです。

パターン1 邪悪な世界に死者が移される

　地獄の支配者が邪悪な存在である理由は、おおまかに分けてふたつあります。死後の世界をあとからやってきた邪悪な存在が統治したパターンと、邪悪な存在が自分の支配する世界に死者の魂を呼び込んだ結果、その世界が地獄になったパターンです。

パターン2 神の意向で罪人が罰を受ける

　人間の善悪にこだわる宗教では、世界のすべてを掌握している偉大な神か、あるいは世界の法則そのものが、死者の魂を善良なものと悪しきものに選別し、善良なものは楽園に送り、悪しき者には罰を与えるために担当者を送り込むことがあります。

　このように、地獄での死者への責め苦が「神の意志」や「世界の法則」として行われている世界では、人間を苦しめるのは神に指示を受けた役人であり、悪の存在ではありません。ですが地獄の極卒は、人間に対して恐ろしい罰を与えて苦しめるのが仕事であり、キリスト教の天使のように人々を優しく導いてはくれません。
　つまり人間の利己的な目線から見ると、悪魔も地獄の役人も等しく恐怖の対象です。そのため正しい行いをしている地獄の管理者を「魔王」と見てしまうのです。

あ、これ知ってるよ！
クラスメートにお花のおせわとかしてるやさしい子がいるんだけど、
その子おはなしが苦手で、こわい顔してるから、みんなに怖がられてるんだー。

またずいぶん身近な話になったようですが……はい、メシアちゃんの言うとおりです。
人間のほうが勝手に怖がって魔王だと言っているんですね……だからといって魔王になっちゃダメですよ!?　メシアちゃんは光のメシアになるんですから！

魔王の手先小事典

偉大な魔王様には、その手足として働く悪魔の手先がいるものさ。このページではいろんな魔王の手先として働いているやつらを紹介するぜ。ようするにオレたちの同業者ってところだな！

小事典の読み方

悪魔（仏教） ← 魔王の手先の名前
出典：仏教　属する魔王：波旬（→p74）、マーラ（→p76）

出展資料
手先の伝承がある宗教、地域

属する魔王
どの魔王の手先なのかを表示

悪魔（仏教）

出典：仏教　属する魔王：波旬（→p74）、マーラ（→p76）

　仏教における悪魔とは、74、76ページで紹介したマーラや第六天魔王波旬を指す言葉で、単に「魔」とも呼ばれている。仏教における悪魔は他宗教と性質が違い、人間へ直接的に害を与えることは少ない。彼らの使命は、人間や仏道修行者の善行や修行を妨げることにある。悪魔は人間に欲望や嫌悪などさまざまな煩悩を持たせ、堕落させるのだ。

　仏教の開祖ブッダが悟りを開く際に見せた、マーラの軍勢とのエピソードは「降魔（魔を退す、の意）」と呼ばれる。また、日本では仏教が独特の進化を遂げており、例えば山の妖怪である天狗は、慢心した仏道修行者（特に山伏）が変じた悪しき存在、または妖怪と考えられている。

アスラ

出典：ヒンドゥー教　属する魔王：なし

　ヒンドゥー教の前身「バラモン教」には他の宗教、例えばキリスト教における悪魔のような「絶対的な悪」は存在しない。インド最古の神話文献『リグ・ヴェーダ』などを見るに、古代のインドにおいてアスラは「主役の神々に敵対もする神族」であったのだが、時代が下るにつれて悪者としての側面が強調され、ヒンドゥー教の時代に入ると、アスラは神々と敵対する特定の種族「アスラ族」として扱われるようになる。

　アスラ族はしばしば神々と対立し、その地位をおびやかしているのだが、神々や英雄がアスラ族の女性と結婚する、神々とアスラ族が協力しておたがいの陣営に迫った危機を乗り越えるなど、双方は敵対するばかりではない複雑な関係を見せている。

　なお、仏教に取り込まれたアスラは「阿修羅」で、仏法の守護神に変化している。

アハルプーとアハルガナー

出典：マヤ神話　属する魔王：フン・カメーら（→p100）

　現在の中南米周辺で栄えた、マヤ文明の神話を今に伝える文献『ポポル・ヴフ』に登場する冥界「シバルバー」の、ふたりずつ5組10人いる王の1組である。

　アハルプーは「膿の悪魔」、アハルガナーは「黄疸の悪魔」という意味で、その役目はチュガナールという、身体がむくみ、足から

膿が流れ出し、顔が黄色になる病気を引き起こすことだ。これら症状は、最終的に多臓器不全で死に至る病気「黄疸」である。

アハルメスとアハルトコブ
出典：マヤ神話　属する魔王：フン・カメーら（➡p100）

現在の中南米周辺で栄えた、マヤ文明の神話を今に伝える文献『ポポル・ヴフ』に登場する冥界「シバルバー」の、ふたりずつ5組10人いる王の1組である。

アハルメスは「ゴミを作る者」、アハルトコブは「悲惨な目に遭わす者」という意味だ。彼らは人間が歩いているときや、ちょうど家の前にさしかかったときなどに不幸を与えることや、人間を直接傷付けて地面に倒し、殺してしまうことを役目としている。

アルコーン
出典：グノーシス主義　属する魔王：ヤルダバオート（➡p42）

グノーシス主義とは「我々が住むこの世界は、魂を物質に縛り付ける牢獄である」と考える思想だ。西洋の「キリスト教グノーシス」では、この世の人々が「天使」と呼び崇めている存在は、偽物の神「アルコーン」なのだと考えられている。アルコーンは真の神々「アイオーン」が作った失敗作であり、低劣かつ傲慢な性質を持つ。

その名前にはギリシア語で「支配者」という意味があり、偽りの創造神ヤルダバオートを第一のアルコーンとして、その支配下に7人、12人、あるいはさらに多数のアルコーンが存在しており、この世すなわち地上という地獄を統治していると考えられている。

牛頭馬頭
出典：仏教　属する魔王：閻魔（➡p72）

仏教においては、生前に悪いことをした者は地獄で裁かれる。ただしこの「悪」とは、人間の理や法律における悪事などではなく、仏教の根本的な5つの戒律「五戒」を破ることである。五戒は「生き物を殺さない」「酒を飲まない」など、現代に生きているかぎりは犯さざるを得ないものばかりで、すなわち

この世にいる人のほとんどは地獄行きの運命にある、と言えるだろう。

地獄には亡者を罰し痛めつける獄卒が数多くいるが、そのなかでもよく知られているのが牛の頭をした人型の怪物「牛頭」、馬の頭をした「馬頭」である。この項目のように、牛頭と馬頭は二人組で語られることが多く、仏教の経典などではまとめて「牛頭鬼馬頭鬼」などとも表記される。

また、地獄には牛頭馬頭のほかにも、さまざまな動物の頭を持った獄卒がいるそうだ。

シキリパットとクチュマキック
出典：マヤ神話　属する魔王：フン・カメーら（➡p100）

現在の中南米周辺で栄えた、マヤ文明の神話を今に伝える文献『ポポル・ヴフ』に登場する冥界「シバルバー」の、ふたりずつ5組10人いる王の1組である。

それぞれの名前は、シキリパットが「空飛ぶ手押し車」、クチュウマキックは「たくさん集まった皿」という意味を持つ。このコンビの持つ役割はひどく単純で、人間に血を流させることにある。この「血を流させる」というのは、血液に関連する病気に感染させることを指す、という説もあるようだ。

シックとパタン
出典：マヤ神話　属する魔王：フン・カメーら（➡p100）

現在の中南米周辺で栄えた、マヤ文明の神話を今に伝える文献『ポポル・ヴフ』に登場する冥界「シバルバー」の、ふたりずつ5組10人いる王の1組である。

シックの名は「タカの一種の名前」だが、どのタカを指すのかは不明である。一方でパタンの名は「中南米の原住民が荷物を背中に担ぐため、額から掛ける皮のバンド」という意味だ。肩掛けカバンの肩紐をおでこに掛けるもの、と想像すればわかりやすいだろう。

このふたりの役割は、何の前触れもなく口から血を吐かせ、人間を急死させることだ。『ポポル・ヴフ』によれば「のどと胸を締め上げて血を吐き出させ、道で殺してしまう」のが、シックとパタンの役目なのだという。

シャイターン
出典：イスラム教　属する魔王：イブリース（→p46）

　ユダヤ教およびキリスト教の魔王といえば「サタン」で、シャイターンとはこのサタンのつづりをアラブ語で発音したものである。ただしここでいうシャイターンは、イスラム教における悪魔を指す一般名詞だ。

　神話によると、イスラム教の神アッラーは光から天使を、炎からジンニーという精霊を作り出している。のちに天使イブリースが神に背いて堕天したとき、イブリースに従って同時に堕天したジンニーのことを「悪魔」、すなわちシャイターンと呼ぶのだ。

　ちなみに図像におけるシャイターンは、たいていの場合「頭から角を生やした、たくましい男性」として描かれる。

シャンタク鳥
出典：クトゥルフ神話　属する魔王：ニャルラトホテプ（→p108）

　クトゥルフ神話に登場する架空の生物で、ニャルラトホテプをはじめとするさまざまな神性に仕える下級の種族である。その外見は象よりも巨大で、馬のような頭部を持ち、身体からは羽毛の代わりにウロコが生えている、という異形の鳥だ。

　シャンタク鳥は「レン高原」という場所の近くにある山中に棲んでおり、付近に住んでいる人間を助けることもあるという。

蚩尤の兄弟たち
出典：中国神話　属する魔王：蚩尤（→p78）

　蚩尤といえば、古代中国を統治していた黄帝から王座を奪うべく反乱を起こした、と伝わる神だ。その外見は人の形こそしているが異形のもので、人の身体に牛の頭、目が4つ、手が6本、頭には角、耳の横から生える毛が針のように立っているなど、その見た目は文献によってさまざまに語られている。

　同じように文献によってその数は変わるが、蚩尤には同様に異形の兄弟が81人ないし72人いたとされる。彼らは人間の形こそしているが、そろって身体は獣、銅の頭に鉄の額、2本の鋭い角が生えていた、などと伝わっている。食べるものも外見と同様にでたらめで、鉄や石、砂を噛み砕いて食べていたという。

　そのくわしい実力や能力はわかっていないが、蚩尤が信頼し反乱の戦力に数えており、かつ筆頭の蚩尤が戦争の神でもあったことから、少なくともただの人間では相手にならないほど強かった、と考えられるだろう。

ダエーワ
出典：ゾロアスター教　属する魔王：アンラ・マンユ（→p58）

　その語源をインド神話の神々「デーヴァ」に持つ単語であったものが、古代イランに伝わり時代が進むと宗教改革の影響を受け、悪魔全般を指すようになった名前を持つ存在、それがダエーワである。

　ゾロアスター教は絶対の善と絶対の悪の二元論で語られる宗教で、ダエーワは絶対悪「アンラ・マンユ」の部下たちの総称だ。

　アンラ・マンユとダエーワたちは、人々を怠惰と悪徳、腐敗に導くと同時に、病や天災など、人間に不都合なものをばら撒いていく。だが、ゾロアスター教において神聖視されている炎ならばそれを退けられるという。

チャミアバックとチャミアホロム
出典：マヤ神話　属する魔王：フン・カメー（→p100）

　現在の中南米周辺で栄えた、マヤ文明の神話を今に伝える文献『ポポル・ヴフ』に登場する冥界「シバルバー」の、ふたりずつ5組10人いる王の1組である。

　それぞれの名前、チャミアバックには「骨で作った杖を持つ者」、チャミアホロムには「しゃれこうべのついた杖を持つ者」という意味がある。そのとおりこのふたりは骨でできた杖を持ち、番兵としてシバルバーの入り口を守る役割を持っている。ほかにも人間を飢えさせる能力があり、骨と皮にまで痩せ衰えた、あるいはお腹の出っ張った姿になった人間を死なせ、そのままの姿で冥界へ連れ去っていく、という役目も持つという。

　ちなみに、栄養失調でお腹が出っ張っている状態を「クワシオルコル」と呼ぶのだが、その発症要因はよくわかっていない。

ツィツィミメ
出典：マヤ神話　属する魔王：ツィツィミトル（→p98）

　ある意味では、属する魔王ツィツィミトルより強い力を持つかもしれない眷属、それがこのツィツィミメだ。

　ツィツィミメたちは闇の精霊であり、日食のときだけに見られる星々を具現化したものである。また日の出と日没のとき、ツィツィミメは太陽と戦うとされており、太陽神を生命の源と考えるマヤの人々にとって、太陽に敵対するツィツィミメは恐るべき存在で、死と悪の前兆とされていた。

　アステカの創世神話のひとつ「5つの太陽」において、今の時代を指す「第五の太陽の時代」は、このツィツィミメが地上に降りてきて人間を飲み尽くすことで終わる、と伝わっている。ツィツィミメは見えない精霊だが、この世にいつでも存在し、つねに人々をおどかし続ける恐るべきものなのだ。

　なかでもイツパパロトルというツィツィミメは、名前に「黒曜石の蝶」という意味を持つ重要な女神だ。彼女はメキシコ北部の遊牧民チチメカ族の主神で、またアステカの20ある暦日名の16番目を担当する。ツィツィミメのひとりとしてイツパパロトルが表される際には、かならずジャガーのかぎ爪を持った姿で描かれる。

ティタン神族
出典：ギリシア・ローマ神話　属する魔王：クロノス（→p16）

　ギリシア神話では、ゼウスが天界を支配するまでのあいだ、クーデターによる何度かの代替わりが起きている。ティタン族はオリュンポス十二神の先代にあたるいにしえの神々で、巨大な身体を持つ巨人の神族だ。

　広い意味ではオリュンポス十二神より前の神すべてがティタンなのだが、狭い意味でのティタン族はクロノスを末弟とする12柱の兄弟姉妹を指す。ティタン族はゼウスがクロノスに戦いを挑んだとき、その多くがクロノスに加勢し「ティタノマキア」という大戦争を繰り広げた。結果としてはクロノスとティタン族の敗北に終わり、クロノス陣営は深き奈落「タルタロス」へ幽閉されたという。

　ただしすべてのティタン族がいなくなった、というわけではない。クロノスに従わなかったティタン族も少なからず存在しており、例えば寒さに苦しむ人間を哀れみ火を与えたティタン「プロメテウス」などがいる。

デーモン（キリスト教）
出典：キリスト教　属する魔王：サタン（→p22）

　デーモンとは「西洋文化における悪霊」で、一般的には「悪魔」と呼ばれる存在である。

　キリスト教における悪魔とは、神に背いた堕天使「サタン」の手先である。彼らは人間を誘惑して堕落に誘い、キリスト教を滅ぼすものとされている。悪魔は「サタンの待つ地獄へ人間を送り込む」という任務のもとに働いており、そのためなら手段を問わない。

　ヨーロッパでは古くから悪魔研究が続いており、13世紀には悪魔の存在が現実的な危機として考えられ、当時の神学者たちはその対策を考察し続けていたという。その一方で悪魔を使って危機感を煽り、キリスト教の布教に利用した、という事実も存在する。

ナムタル
出典：メソポタミア神話　属する魔王：エレシュキガル（→p54）

　冥界の女王エレシュキガルが登場する神話のほとんどに登場する、冥界の女王の執事役兼伝令役である。エレシュキガルは女王という立場上、冥界から出ることが難しく、地上や天界には代理人としてナムタルを送る。

　エレシュキガルは強い冥界の力を持っており、その側近たるナムタルもまた、非常に強い死の力を持っている。各種伝承によれば、ナムタルは「60の病気を送り込んで人を殺す疫病神」である。その死の力は、最強格の豊穣の女神イナンナ（イシュタル）を冥界に閉じ込めるほどのものだ。

　またエレシュキガルは、地上で死んで冥界にやってきた死者を気まぐれに食べてしまうのだが、人間を食べたくなるとナムタルに命じて地上に伝染病を蔓延させ、死んだ人間を連れて来させるのだという。

蠅騎士団
出典：悪魔学　属する魔王：ベルゼブブ（→p28）

近世ヨーロッパにおいて、悪魔学や魔術などの研究が盛んになると、ベルゼブブは非常に強大な悪魔となった。そのなかで作られた説話において、ベルゼブブは「天界との戦争で、ベルゼブブはルシファー（→p26）と一緒に戦った」とされ、それに伴う形で「蠅騎士団」という、悪魔の名士が名を連ねる強力な騎士団を持っている、とされたのである。

フォモール族
出典：アイルランド神話　属する魔王：バロール（→p38）

アイルランド島の覇権を巡る、神々の戦いが描かれた「アイルランド神話」における敵役の巨人族である。

彼らは見るだけで生物を殺せる「魔眼のバロール」を王とし、その絶対的な力によってアイルランド島を支配していた。フォモール族は島にやってきたダーナ神族をその力で支配しており、圧政と重税を課し苦しめていたが、最終的には戦争に負けてフォモール族は壊滅、アイルランド島から駆逐された。生き残った者は妖精に姿を変えて各地に散り、今でもひっそり暮らしているという。ヨーロッパ各地に伝わる妖精の一部は、このフォモール族の末裔なのだ。

魔縁
出典：仏教　属する魔王：波旬（→p76）など

基本的には仏教用語で「障魔となる縁」のことで、三障四魔とも呼ばれる。だが第六天魔王波旬を指して魔縁と呼ぶことや、ほかにも慢心した修行者の妖怪である天狗、つまり天狗道に堕ちた者の総称としても使われる。

三障四魔とは仏道の妨げとなる働きを総じた呼称で、なかでも四魔はそれらを悪魔にたとえたものである。

また、慢心を持つ傲慢な修行僧、特に山伏は死後「天狗道」という魔界へ転生するものと考えられていた。これは仏教の道から外れた「外道」で、救済不能な領域である。

ほかにも崇徳上皇（→p88）は「日本国の大魔縁になる」と言い残した、あるいは写経本に血でその文言を書いて宣言した、という説話が残されているのだが、このエピソード自体が後世の創作である可能性が高い。

マレブランケ
出典：叙事詩『神曲　地獄編』　属する魔王：マラコーダ（→104）

13世紀イタリアの詩人「ダンテ・アリギエーリ」の叙事詩『神曲』で描かれた、地獄界の第8圏、第5の嚢で亡者たちを罰する12人の悪魔の総称を「マレブランケ」という。

これはマラコーダを筆頭とする悪魔のグループ名で、全員が黒い身体にコウモリのような翼を生やし、鋭い爪と牙を持っているという。彼らは汚職の罪を犯した亡者を煮えぎったタールの池に沈め、浮かんできた者を鋭い爪でいじめるのだ。

ムシュフシュ
出典：バビロニア神話　属する魔王：ティアマト（→p50）

もっとも古い時代に生まれたドラゴンの一種、ともされる存在だ。ムシュフシュという名前には「獰猛な赤いヘビ」「恐ろしいヘビ」という意味がある。

その外見は複数の動物が合体したようなもので、頭と胴体と尻尾はヘビのもの、前足はライオン、後ろ足はワシに似ており、頭には2本の角が生えている、という異形だ。

ムシュフシュは、天地創造神話『エヌマ・エリシュ』に登場する。これによると天も地もなかった時代に、男神アプスーと女神ティアマトはたくさんの神々を創り出した。だがのちに神々の指導者となり、天地を創造する男神マルドゥクを筆頭とする子どもたちは、非常に反抗的で言うことを聞かず、やがて父親であるアプスーを殺してしまうのだ。

これを受けたティアマトは復讐を誓い「血ではなく毒」で満たした「11の怪物」を創り出し、マルドゥクと子どもたちに戦いを挑む。これら11の怪物の1体がムシュフシュであったのだが、大将のティアマトが討ち取られたことでティアマト軍は壊滅、ムシュフシュはマルドゥクの軍勢に降伏した。

ムシュマッヘ
出典：バビロニア神話　属する魔王：ティアマト（→p50）

　前ページのムシュフシュと同じく、ティアマトが復讐のために創り出した「11の怪物」の1体である。その名前は「傑出したヘビ」という意味を持つ。

　バビロニア神話における天地創造譚『エヌマ・エリシュ』によると「ムシュマッヘは7つの頭、あるいは7匹の大きなヘビで、鋭い歯と残忍な牙を持ち、血液の代わりに毒液がその体内を流れている」という。

ヨトゥン族
出典：北欧神話　属する魔王：なし

　北欧神話における主人公格は、最強の武器ミョルニルを持つトールで、彼は「アース神族」というグループに属している。ヨトゥン族は超人的な強さを持つ巨人の一族であり、アース神族をしばしばおびやかす者どもだ。「霜の巨人」とも呼ばれている。

　だが敵対するばかりではなく、ヨトゥン族の一員と考えられているウートガルザ・ロキ（→p34）の例からも見えるように、北欧神話の各部族は頻繁に交流を取っている。なかには友好関係を築き、結婚にまで至る者もいたようだ。

　なお北欧神話において、未来に起きることが約束されている最終戦争「ラグナロク」で、世界を破滅させるのは炎の巨人スルトの役割なのだが、スルト自身はヨトゥン族とは異なる巨人の一族である。

黄泉軍
出典：日本神話　属する魔王：イザナミ（→p82）

　日本神話において、黄泉の国（あの世）に棲むとされる鬼の総称である。

　この鬼たちは、イザナギが死んだイザナミを取り戻そうと黄泉の国へ下った、いわゆる「黄泉下り」のエピソードに登場する。イザナミは逃げるイザナギを捕まえようと黄泉軍をけしかけたのだが、イザナギがたまたま手に入れた神聖な桃を投げつけられたため退却している。

黄泉醜女
出典：日本神話　属する魔王：イザナミ（→p82）

　日本神話に伝わる黄泉の国（あの世）の鬼女で、予母都志許売とも書かれる。先述の黄泉軍と同様、イザナミが逃げるイザナギにけしかけた、あの世の鬼のグループである。

　イザナギが死んだイザナミを取り戻そうと黄泉の国へと下った、いわゆる「黄泉下り」のエピソードに登場する。この鬼女は一飛びで千里（約4000km）を走るという特殊能力を持っており、逃げるイザナギを何度も追い詰めている。だがイザナギが髪飾りなどを投げつけると、そこから山ブドウやタケノコなどが生えてきて、黄泉醜女たちはそれに食い付いたため、イザナギは何とか逃げ切ることに成功した。

ラークシャサ族
出典：インド神話　属する魔王：ラーヴァナ（→p70）

　ラークシャサ族はヒンドゥー教における鬼神であり、聖書に並ぶ文章量を誇るインドの神話叙事詩『ラーマーヤナ』に登場する悪の種族だ。作中においては魔王ラーヴァナが筆頭として率いており、ランカー島（実在しない島。ただし現在のスリランカを指すという説が有力）を本拠地としている。

　ラーヴァナはとても強大な力を持ち、かつ非常に邪悪であったとされ、ラークシャサ族も同様にほぼ全員が邪悪であったというが、心正しい者も少なからず存在している。

　ラーマーヤナはおおまかに「主人公ラーマ王子が、ラークシャサ族に誘拐された妻シーターを救う」というあらすじで、最終的にはラーマ軍とラークシャサ軍での大戦争が勃発する。ラークシャサ族は魔術に長けた戦士インドラジットや、9ヶ月に1日しか目を覚まさない、敵味方を問わず飲み込んでしまう食欲の持ち主クンバカルナなどの強力な戦力を備えていたものの、戦争は徐々にラーマ軍の優勢となり、最後には敗北している。

　なお、仏教へも取り込まれた際にラークシャサは「羅刹天」へと変化し、日本では仏教の護法善神になっている。

イラストレーター紹介

この本で魔王たちのイラストを担当した、
総勢45名のイラストレーター陣を紹介しよう。
いずれも腕に覚えのある者たちばかりだな。

yaman**
●表紙

今回も表紙を担当させていただきました、yaman**です。ベルゼブブという指示をいただいてからすぐに魔族のお姫様みたいな感じにしようと決めてキャラクターをデザインしました。どこぞのゲームでも魔王の娘が可愛かったように、見ている人に無邪気な印象を与えられたらなと思います。

pixivページ
https://www.pixiv.net/member.php?id=3043057

C-SHOW
●巻頭・巻末コミック

ナビキャラとコミックを書かせていただきました（なんと魔王様、3度目の登場です）！ 今回はついに悪魔事典とモンスター事典ではじまったストーリーがひとつに合流、そして感動の大団円になります。過去のキャラクターもいっぱい書かせていただいて……まるで魔王様が主人公の大長編みたいですね！ 楽しかった！

おたべや
http://www.otabeya.com/

とんぷう
●扉イラスト

章トビラのチビキャラカットを担当させていただきました。魔王と聞くと真っ先にシューベルトの歌曲が頭に浮かぶ人です。
続けて学生の頃その歌曲が好きすぎたE君を思い出し、元であるゲーテの詩はその次になります。
E君元気にしてるかなぁ。

ROCKET FACTORY
http://rocketfactory.jpn.org/

ぽしー
●クロノス (p17)

「クロノス」のイラストを担当させて頂きました、ぽしーと申します。
クロノスのエピソードで個人的に印象が強かった「産まれた子ども達を呑み込む」という要素を入れて描かせて頂きました。また、全宇宙を統べた神界の王ということでいつもよりエフェクトを増してきらきらに仕上げております。

bloom planet
http://bloomplanet.blog.fc2.com/

inoshishi
●エリニュス (p21)

pixiv ページ
https://www.pixiv.net/member.php?id=1303816

今回、悪者を罰する三女神エリニュスということで、格好いい雰囲気になるように挑戦してみました！ また髪型や服装のデザインも一生懸命凝らしたので、三人が違う方向性でそれぞれ魅力的になっていたら嬉しいです。複数の子が一枚に収まった構図は難しいですが、描いてるとすっごくほっこりするので大好きです！

匡吉（まさきち）
●サタン (p24)

masamasaworld
http://masamasaworld.nobody.jp

はじめまして、本書でサタンを担当しました、匡吉と申します。多様且つあやふやで、決まった姿が存在しないということから、ミステリアスな正体不明感を意識してみました。こんな格好ですが、アーティスティックなあれですから！本人も平然と着てるのでしょうし。だから大丈夫です。大丈夫なんです。

天領寺セナ（てんりょうじせな）
●ルシファー (p27)

Rosy Lily
https://www.lilium1029.com/

こんにちは、はじめまして。天領寺セナと申します。
ルシファーという大役のイラストを任せて頂きドキドキでした。何しろ翼の枚数が多い！笑
ちゃんと12枚かいてあるんです！
記憶に残る1枚になっているとうれしいです。

チーコ
●ベルゼブブ (p30)

pixiv ページ
https://www.pixiv.net/member.php?id=21101

はじめまして、チーコです。
今回は見開きにてベルゼブブを描かせていただきました。
暴食な方ということでお食事シーンを描いてみました。
食い散らかしちゃってお行儀が悪いですけど、お肉描くの楽しかったです。

ryuno（りゅーの）
●黙示録の獣 (p33)

pixiv ページ
http://www.pixiv.net/member.php?id=107235

毎度お世話になっております ryuno です。
今回は魔王ということなので、魔王っぽい感じで攻めてみました。その結果があのおっぱいだよ！

毛玉伍長
●ロウヒ (p37)

今回フィンランドの魔女、ロウヒを描かせて頂きました毛玉伍長です。

神話を読んだ所…
ロウヒさん色々やらかしてますが、
全ては復讐の為…
あれ？ロウヒさんむしろ被害者なのでは！？

けづくろい喫茶

http://kedama.sakura.ne.jp/

bomi
●バロール (p39)

魔王って強くてダークで格好良いフレーズですよね！
色んな神話で色んな魔王がいるんだなと、ちょっとした勉強になる１冊。
あなたはどの魔王が気になりましたか？

bo226

http://bomi226.wixsite.com/bo226

此処シグマ
●メイヴ (p41)

外見に関する資料を探すのが困難な人でした。手さぐりで描き起こしたときには白が基調となり胸はいつも通り盛ってしまいました。

ココロメトロ

http://site-1238279-2655-2669.strikingly.com/

あみみ
●ヤルダバオート (p43)

今回は、ライオンっぽい女の子として描かせていただきました。
ライオンだけど、可愛いらしい雰囲気になるように意識しています。
無邪気に残酷な感じが出ていればいいなあ。

えむでん

http://mden.blog32.fc2.com/

山鳥おふう
●イブリース (p47)

イブリースさん、消滅の未来は決まっているけど、自由奔放にその日までめいっぱい楽しんでそうです。その性格、嫌いじゃない、むしろ好きで信者になってしまいそう（笑）　中東の人々がイメージする天使の羽が、かなりカラフルなことにも驚きました。

山鳥エリア

http://ya.matrix.jp

閠あくあ
- イフリート (p49)

イフリートを担当させていただきました。
『アラジン』のジーニーもイフリートなんですね〜
楽しく描かせていただきありがとうございました！

pixiv ページ
https://www.pixiv.net/member.php?id=4057947

皐月メイ
- ティアマト (p51)

こんにちは皐月メイです。今回はティアマトを描かせていただきました。
ティアマトは 11 体の怪物を生み出したということで、ティアマトに加え 11 体の怪物ちゃん達も描いてみました。一応特徴を出してみたのでどれがどの子かわかったら嬉しいなと思います。

Pixiv ページ
https://www.pixiv.net/member.php?id=381843

ムロク
- モート (p53)

こんにちは、ムロクです！
モートのイラストで参加させていただきました。
頑張って描いたのでじっくり見てもらえると嬉しいです！
ありがとうございました。

ムッ。
http://muroku996.wixsite.com/muttu

らすけ
- エレシュキガル (p55)

今回、エレシュキガルを担当いたしました。
むっちりお胸と足を描くことができて非常に満足です。
肩にいるのは彼女の夫のネルガル神です。
せっかくのなのでマスコット的な感じで一緒にしてみました。

Raison d'etre
https://rathke-high-translunary-dreams.jimdo.com/

大山ひろ太
- パズズ (p57)

今回パズズを担当させて頂いた大山と申します。
自分の萌える要素を目一杯詰めこみました！
パズズと褐色っ子の魅力が少しでも伝われば嬉しいです…！
ありがとうございました！

pixiv ページ
https://pixiv.me/sentaro-mm

甘塩コメコ
●アンラ・マンユ (p60)

ちょっと子供っぽい体型で、表情は大人っぽくしてみました。
見開きイラストを制作させていただき、本当にありがとうございます。

イスどんぶり
http://isudon.sakura.ne.jp/

田島幸枝
●アジ・ダハーカ (p63)

「アジ・ダハーカ」を担当させていただきました、田島幸枝です。
女性化しつつも魔王らしさを出すよう心がけました。彼女を傷つけても邪悪な生き物が這い出すとのことなので絶対に戦いたくないですね…。

norari
http://norari.jp/

湯浅彬
●アペプ (p65)

湯浅彬と申します。今回はアペプを担当させて頂きました。邪悪と混沌の化身という事で、イラストにもカオスさを出してみました。太陽を飲み込むほどの悪であり、秩序と相反する存在。必要とされる絶対悪として、捕らえられても笑みを浮かべ余裕を見せている…と言ったイメージで描かせて頂きました。楽しかったです！

pixiv ページ
https://www.pixiv.net/member.php?id=6349003

浜田遊歩
●ヴリトラ (p69)

『萌える！魔王事典』ヴリトラを描かせていただきました、イラストレーターの浜田遊歩です。
萌える魔王様なら滅ぼされてもいいかなって？思えます。
いや、下僕でも・・・

FOSSIL ANTIQUE.com
http://fossil-antique.com/

コバヤシテツヤ
●ラーヴァナ (p71)

羅刹の王ということで腕の1本や2本かすり傷な感じで描いてみました　指使いがポイントです

ジャブロー2丁目
http://www17.plala.or.jp/jabro2/

BRLL
- 閻魔 (p73)

趣味丸出しの絵を描かせて頂きましたッ！
ありがとうございまぁぁぁぁぁす！

pixiv ページ
https://www.pixiv.net/member.php?id=1704605

星乃だーつ
- マーラ (p75)

星乃だーつです。個人サイトでもモンスター図鑑を運営しています。
イラストはゲーム製作などに使えるフリー素材として公開していて、多くのゲームアプリなどでご利用いただいています。
よかったら一度おいでください。

グーテンベルグの娘
http://darts.kirara.st/

けいじえい
- 第六天魔王波旬 (p77)

こんにちは、けいじえいです。今回は第六天魔王波旬を担当させて頂きました！
第六天魔王と言うとどうしても織田信長のイメージが付いて来てしまいますが
今回は仏敵要素を前面にイメージを出してみました。主に色欲ですがｗ

pixiv ページ
http://www.pixiv.net/member.php?id=5021528

河内やまと
- 蛍尤 (p79)

蛍尤（読めない）を描かせて頂きました、河内やまとです！
牛角幼女に武器いっぱい、座ると刺さって痛そうです。ごちゃごちゃした絵は描いてて楽しいのですが、ラフで武器を適当に描いたらペン入れでえらい目にあったので気をつけよう！

んこみみ
http://kawachiyamato.tumblr.com/

StarveRose
- 太歳星君 (p81)

今回は太歳星君のイラストを担当させていただきました。様々な要素を盛り込めるキャラで、普段あまり描かないテイストのため、描いていてとても楽しめました。魔王事典ということで、とっても気合が入っています！ このような機会を頂き、ありがとうございます

pixiv ページ
https://www.pixiv.net/member.php?id=29362446

白い鴉
- 大嶽丸 (p87)

はじめまして白い鴉です。
大嶽丸は絶大な力を持ち悪知恵も働くのに、ハニートラップにかかったりとおつむが弱いイメージがあったので、幼めに描いてみました。悪事ばかりしてますが一途に思い続けるピュアな子なんです。ふとした時、大嶽丸もいたなと思い出してあげてください。

pixiv ページ
https://www.pixiv.net/member.php?id=92435

乃木Lief
- 崇徳上皇 (p89)

乃木Liefと申します！ 二回目の萌える！事典参加でした。崇徳上皇は天狗と称されることから天狗要素を組み合わせてデザインしました。悲劇的な人生を送りその後怨霊となった崇徳上皇が京の都を祟っている……といったシチュエーションです。目のハイライト無しは病んでる感が出てとても良いですね……（自画自賛）

pixiv ページ
http://pixiv.me/liefa

湖湘七巳
- 平将門 (p91)
- カットイラスト

平将門公のイラストとカットイラストをいくつか描かせていただきました、湖湘七巳と申します。
将門様を描くという事に色々な意味で心臓ドキドキでしたが、可愛くキレイを目指しつつ、畏敬の念を持ちながら描かせていただきました。

極楽浄土彼岸へ遥こそ
http://shichimi.la.coocan.jp/

鈴木玖
- パヨカカムイ (p93)

パヨカカムイのイラストを担当させていただいた鈴木玖です。Twitterは【@shojodrop】です。パヨカカムイは人に病をもたらすかと思えば、気に入ると逆に病を退ける方法を教えてくれたりもするそうで、もしかしたらツンデレなのかもしれません……！？

少女ドロップ
http://shojodrop.sakura.ne.jp/

クロブチぬまま
- テスカポリトカ (p97)

クロブチぬままと申します。3回目の萌える！事典参加でございます。今回はテスカポリトカを担当させていただきました。
アステカ神話の神を描くのは初挑戦でしたので斬新な気持ちで描けました。

twitter
https://twitter.com/numakurobuchi

イトネコウタ
●ツィツィミトル (p99)

かまってもらえないと世界を滅ぼしちゃう繊細なお姉さんだ！遊びに行くときは一声かけてから出かけるように！

pixiv ページ
https://www.pixiv.net/member.php?id=2856718

れんた
●フン・カメーとヴクブ・カメー (p101)

「フン・カメーとヴクブ・カメー」を担当させて頂きましたれんたと申します。結構怖い設定だったので、可愛さや綺麗さの中にも狂気っぽいものが伝わればいいな…と思いつつ描かせて頂きました。あとは二人セットなのであえて体格差をつけてみたりしてました。どちらの体格もかけて楽しかったです。

既視感
http://detectiver.com/

cinkai
●マラコーダ (p105)

cinkaiと申します。今回「マラコーダ」を担当させていただきました。
絵の中に好きな質感をたくさん詰め込むことができて大満足です。ありがとうございました！

○◇△
http://egusurim.tumblr.com

これが、この本をつくったひとたちなのだ！

萌える！魔王事典 staff

著者	TEAS事務所
監修	寺田とものり
テキスト	岩田和義（TEAS事務所） 岩下宜史（TEAS事務所） たけしな竜美 鷹海和秀
協力	當山寛人
本文デザイン	神田美智子
カバーデザイン	筑城理江子

なかばやし黎明
●シューベルトの魔王 (p107)

「おと~さん、お父さん♪」の歌詞がツボにハマり、マネしてた中学時代を思い出しながら描きました。
まさかイラストを描くコトになるなんて…人生ってフシギ。

黎明紀行
http://rapiecage.blog44.fc2.com/

こぞう
●モルゴス (p111)

様々な魔王の存在がキッカケとなり無数の英雄譚が誕生したと思うと魔王はある意味創作の原点と言えるのかもしれません。違うのかもしれません。わからないです!

少年少女隊
http://soumuden.blogspot.jp/

松田トキ
●テュポン (p19)

cyancable
http://cyancable.web.fc2.com/

誉
●ニャルラトホテプ (p109)

誉 WORKS
http://homareworks.blog.fc2.com/

東雲ハル
●ウートガルザ・ロキ (p35)

pixiv ページ
https://www.pixiv.net/member.php?id=476762

しかげなぎ
●カットイラスト

SUGAR CUBE DOLL
http://www2u.biglobe.ne.jp/~nagi-s/

リリスラウダ
●イザナミ (p83)

リリスラウダ研究所
http://llauda.sakura.ne.jp/

七六
●酒呑童子 (p85)

七六要塞
http://fortress76.com/

なーハニャエル、いいもんみつけてきたぜ。この本を作ったTEAS事務所ってやつらのホームページとツイッターだってさ。
http://www.studio-teas.co.jp/
https://twitter.com/studioTEAS

ふむふむ、TEAS事務所さんは、本を書いたり、編集のお仕事をされているんですね。
本の最新情報や、いろんなお話が楽しめそうですよ♪

■主要参考資料

『Die Liebe ゲーテ詩集』小塩節 訳（北水）
『H・P・ラヴクラフト大事典』S・T・ヨシ 著／森瀬繚 日本語版監修（エンターブレイン）
『悪について』中島義道 著（岩波書店）
『悪について』エーリッヒ・フロム 著／渡会圭子 訳（筑摩書房）
『アフリカの神話伝説1〜2（世界神話伝説大系1〜2）』松村武雄 編（名著普及会）
『岩波イスラーム辞典』大塚和夫 著（岩波書店）
『岩波 仏教辞典 第二版』中村元、田村芳朗、末木文美士、ほか2名 編（岩波書店）
『インド神話伝説辞典』菅沼晃 著（東京堂出版）
『ヴィジュアル版世界の神話百科 アメリカ編 ネイティブ・アメリカン／マヤ・アステカ／インカ』D・M・ジョーンズ、B・L・モリノー 著／蔵持不三也、田里千代、井関睦美 訳（原書房）
『ヴィジュアル版 世界の神話百科 ギリシア・ローマ ケルト 北欧』アーサー・コットレル 著／松村一男、米原まり子、蔵持不三也 訳（原書房）
『エジプト神話』ヴェロニカ・イオンズ 著／酒井伝六 訳（青土社）
『エジプト神話の図像学』クリスチアヌ・デローシュ＝ノブルクール 著／小宮正弘 訳（河出書房新社）
『エッダ 古代北欧歌謡集』谷口幸男 訳（新潮社）
『オズの魔法使い』ライマン・フランク・ボーム 著／柴田元幸 訳（角川書店）
『オリエント神話』ジョン・グレイ 著／森雅子 訳（青土社）
『怨霊とは何か 菅原道真・平将門・崇徳院』山田雄司 著（中央公論新社）
『怨霊になった天皇』竹田恒泰 著（小学館）
『刀の日本史』加来耕三 著（講談社）
『学校では習わない愛と夜の日本史スキャンダル』堀江宏樹 著（実業之日本社）
『神の文化史事典』松村一男、平藤喜久子、山田仁史 編（白水社）
『カムイユカラと昔話』萱野茂 著（小学館）
『カラー版 世界宗教史』リチャード・ケネディ 著／田丸徳善 監修／山我哲雄 編訳（教文館）
『ギリシア・ローマ神話辞典』高津春繁 著（岩波書店）
『ギルガメシュ叙事詩』矢島文夫 著（筑摩書房）
『クトゥルー神話事典 新訂版』東雅夫 著（学習研究社）
『古代オリエント集 筑摩世界文学大系(1)』杉勇 訳（筑摩書房）
『山家集（新潮日本古典集成）』後藤重郎 校注（新潮社）
『宗教学事典』星野英紀、池上良正、ほか2名（丸善）
『シューベルトの歌曲をたどって』ディートリヒ・フィッシャー＝ディースカウ 著／原田茂生 訳（白水社）
『新イスラム事典』佐藤次高、嶋田襄平、板垣雄三、日本イスラム協会 監修（平凡社）
『新釈尊伝』渡辺照宏 著（筑摩書房）
『新版 シルマリルの物語』J.R.R.トールキン 著／田中明子 訳（評論社）
『図説エジプト神話物語』ジョナサン・ディー 著／山本史郎、山本泰子 訳（原書房）
『図説古代オリエント事典 大英博物館版』ピョートル・ビエンコウスキ、アラン・ミラード 編／池田潤、山田恵子、ほか3名 訳（東洋書林）
『図説トールキンの指輪物語世界 神話からファンタジーへ』デイヴィッド・デイ 著／井辻朱美 訳（原書房）
『世界宗教事典』村上重良 著（講談社）
『世界の怪物・神獣事典』キャロル・ローズ 著／松村一男 監訳（原書房）
『世界の地獄と極楽がわかる本』田中治郎 著（PHP研究所）
『世界の宗教』村上重良 著（講談社）
『世界の妖精・妖怪事典』キャロル・ローズ 著／松村一男 監訳（原書房）
『世界女神大事典』松村一男、沖田瑞穂、森雅子 編（原書房）
『中国妖怪人物事典』実吉達郎 著（講談社）
『トールキン指輪物語事典』デイヴィッド・デイ、ピーター・ミルワード 著／仁保真佐子 訳（原書房）
『ナグ・ハマディ文書(1) 救済神話』荒井献、小林稔、大貫隆 訳（岩波書店）
『日本伝奇伝説大事典』乾克己、志村有弘、鳥越文蔵、ほか2名 編（角川書店）
『日本妖怪大事典』村上健司 編著／水木しげる 画（角川書店）
『パヨカカムイ ユカラで村をすくったアイヌのはなし』萱野茂 著／石倉欣二 画（小峰書店）
『仏教要語の基礎知識』水野弘元 著（春秋社）
『プラトンの正義論』野村恵世 著（東海大学出版会）
『平気でうそをつく人たち』M・スコット・ペック 著／森英明 訳（草思社）
『ポポル・ヴフ マヤ文明の古代文書』アドリアン・レシーノス 原訳校注／林屋永吉 訳（中央公論社）
『マハーバーラタ1〜9巻』山際素男 訳（三一書房）
『マハーバーラタの世界』前川輝光 著（めこん）
『マヤ神話 ポポル・ヴフ』A・レシーノス 原訳／林屋永吉 訳（中公文庫）
『水木しげるのあの世の事典』水木しげる 著（東京堂出版）
『水木しげるの中国妖怪事典』水木しげる 著（東京堂出版）
『メキシコの神話伝説（世界神話伝説大系16）』松村武雄 編（名著普及会）
『メソポタミアの神話 神々の友情と冒険（世界の神話）』矢島文夫 編（筑摩書房）
『妖怪事典』村上健司 著（毎日新聞社）
『妖怪草紙 あやしきものたちの消息』荒俣宏、小松和彦 著（工作舎）

●参考論文

「悪魔のささやき」の素描 ―訳語「悪魔」のヴィジュアル性・身体性から「ささやく」に結びつくまで― ／塚本泰造
歴史地震第20号 北海道における津波に関するアイヌの口碑伝説と記録／高清水康博
THE DEVIL AND THE SKIRT AN ICONOGRAPHIC INQUIRY INTO THE PREHISPANIC NATURE OF THE TZITZIMIME／CECELIA F.KLEIN 著
太歳殷元帥考／二階堂善弘 著
天狗のイメージ生成について ―十二世紀後半までを中心に―／伊藤信博 著

●参考ウェブサイト

ルーヴル美術館
https://www.louvre.fr/jp/oeuvre-notices/%e9%ac%bc%e7%a5%9e%e3%83%93%e3%82%ba%e3%82%ba%e3%81%ae%e9%8a%98%e3%81%ae%e5%95%a5%e3%81%a3%e3%81%9f%e5%b0%8f%e5%83%8f

怪異・妖怪伝承データベース
http://www.nichibun.ac.jp/YoukaiCard/2360081.shtml

神々の故郷とその神話・伝承を求めて 小澤克彦 岐阜大学・名誉教授
http://www.ozawa-katsuhiko.com/index.html

源覚寺
http://www.genkakuji.or.jp/intro.html

去りゆく魔王! 新たなる魔王?

魔王ってすげぇ……。
あの飽きっぽくてめんどくさがりのメシアちゃんが、
最後の最後まで文句を言わずにお勉強を続けるなんて……!

当然だ、私は元魔王だぞ? あなどってもらっては困る。
さてメシアよ、これまでの勉強の成果を見せてもらおう。
お前にとって「魔王」とは何だ?

わかってるのだ。
まおーはわるいから、そのまんまにすると、みんな悪くなってくのだ。
だから、わるくない子たちがみんなでまおーを倒すのだ。

良い答えだ。
魔王のなんたるかを、よくわかっているではないか。
これならばもう、なにも心配はなかろう。

あれ? どういうことです?
たしか元魔王さんは、
メシアちゃん様を魔王にしようとしていたんじゃありませんでしたか?

ふっ、皆の団結のために魔王になるか、魔王を倒す英雄となるか、それともただただ
幸せな一生を送るのか……それはメシア自身の決めることよ。
……さて、それでは私も、そろそろこの星を去るとしよう。

ええっ、もう帰るのかよ!?
……ふんっ! そうかよっ、だったらイタダキだな! 魔王が帰ったあとは、オレがメシ
アちゃんをしっかりサポートして、立派な闇のメシアにしてみせるぜ!

ちょっとグレム、何を言ってるんですか!
メシアちゃん様は光のメシアになるんですからね! 魔王さんと出会って光の裏側を
知ったことで、よりいっそう強く輝く星になるんです!

もー! ふたりともケンカはやめるのだー!!

ご、ごめんなさい……

なんだ、メシアが一番頼りになるではないか。
やはりお前を選んだ私の目に狂いはなかった。
これならば、安心して旅立つことができるというもの……。

■魔王事典索引

項目名	分類	ページ数
アーダム	神・超常存在	46
アイオーン	怪物	42,157
『アヴェスタ』	詩・伝承・古典	58,62
悪	用語	11,12,22,23,26,28,32, 36,36,42,46,58,59,62, 64,68,70,76,78,98, 110,113,115-118,126, 128,129, 154,155, 157-159,161
悪魔	用語	11,22,23,26,28,29,32, 46,48,56,58,59,66,70, 74,76,104,115,124,126, 127,129,130,133,155, 156-160
アケローン川	地域・場所・建物	143
アジ・ダハーカ	神・超常存在	62
アステカ文明	用語	95,96,122
アスラ	怪物	68,70,156
アダマス	アイテム	16
アッカド神話	用語	50,54
アッシリア神話	用語	56
アッラー	神・超常存在	46,48,146,154,158
アナト	神・超常存在	52
アハルガナー	怪物	156,157
アハルトコブ	怪物	157
アハルプー	怪物	156,157
アハルメス	怪物	157
アプスー	神・超常存在	50,160
アフラ・マズダ	神・超常存在	58
アペプ	神・超常存在	64
アルコーン	怪物	157
アルスター神話	用語	40
アンラ・マンユ	神・超常存在	58,59,62,150,154,158
イザナギ	神・超常存在	82,161
イザナミ	神・超常存在	82,161
イスラム教	用語	46,48,59,62,121,146, 158
イブリース	神・超常存在	46,48,154,158
イフリート	神・超常存在	48
インドラ	神・超常存在	68
ヴィシュヌ	神・超常存在	70
ウートガルザ・ロキ	神・超常存在	34,161
ウガリット神話	詩・伝承・古典	52
有頂天	地域・場所・建物	137
ヴリトラ	神・超常存在	68
エア	神・超常存在	16
H.P.ラヴクラフト	人物	108
エキドナ	神・超常存在	18
エデンの園	地域・場所・建物	22,23
『エヌマ・エリシュ』	詩・伝承・古典	50,160,161
エリニュス	神・超常存在	20
『エルルケーニヒの娘』	詩・伝承・古典	106
エレシュキガル	神・超常存在	54,149,154,159
エレボス	地域・場所・建物	22
閻魔大王(ヤマ)	神・超常存在	79,140,154
大嶽丸	神・超常存在	86
『御伽草子』	詩・伝承・古典	86
ガイア	神・超常存在	18
戒律	用語	44,118-121,125,157
カスンテ	神・超常存在	92
ガルム	怪物	148
『カレワラ』	詩・伝承・古典	36
『漢書』	詩・伝承・古典	80
環道	用語	144
『旧約聖書』	詩・伝承・古典	22,26,29,42,44,46,52, 66,118,153,
凶神	用語	80
キリスト教	用語	11,15,22,23,26,28,29, 32,42,44,46,48,58,66,96, 104,118,123,124,126, 130,133,142,143,146, 147,148,150,152, 155-159
クー・フーリン	神・超常存在	40
クチュマキック	神・超常存在	157
クトゥルフ神話	創作作品	108,158
グノーシス	用語	42,44,123,152,157
『クルアーン』	詩・伝承・古典	46
クル・ヌ・ギア	地域・場所・建物	54,135,149
クロノス	神・超常存在	16,18,159
グロンド	アイテム	110
ケツァルコアトル	神・超常存在	96
ゲヘナ	地域・場所・建物	142,143,146
獣の数字	用語	32
圏谷	用語	143
現実世界	地域・場所・建物	124,135,152
五戒	用語	125,157
極楽	地域・場所・建物	126,136
『古事記』	詩・伝承・古典	82
牛頭馬頭	怪物	157
坂上田村麻呂	人物	86
サタン	神・超常存在	11,22,23,28,32,46,124, 125,126,130,154,158, 159
三界	用語	137
三障四魔	用語	160
三途の川	地域・場所・建物	140,143
サンポ	アイテム	36
J.R.R.トールキン	人物	11,110
シキリバット	神・超常存在	157
地獄	地域・場所・建物	11,12,23,42,46,66,67, 72,104,110,115,124, 125,126,133,135-155, 157,159,160
地獄の門	地域・場所・建物	143
自然的悪	用語	116,117,119
シック	神・超常存在	157
シバルバー	地域・場所・建物	100,135,151,156-158
『王書(シャー・ナーメ)』	詩・伝承・古典	59,62
シャイターン	神・超常存在	158
社会的悪	用語	118
ジャハンナム	地域・場所・建物	135,146
シャンタク鳥	神・超常存在	158
蚩尤	神・超常存在	78,158
シューベルトの魔王	創作作品	106
『述異記』	詩・伝承・古典	78
酒呑童子	神・超常存在	84,86
白峯神社	地域・場所・建物	94
ジン	神・超常存在	48
『神曲』	詩・伝承・古典	104,124,143,144
ジンニー	神・超常存在	158
『新約聖書』	詩・伝承・古典	22,29,32,42,44,143, 145
菅原道真	神・超常存在	88,102
鈴鹿御前	神・超常存在	86

用語	分類	ページ
崇徳上皇	神・超常存在	88,94,102,160
聖書	詩・伝承・古典	22,26,32,44,66,124,130,145,161
ゼウス	神・超常存在	16,18,117,159
セト	神・超常存在	64
ゾロアスター教	用語	58,59,62,146,150,158
ソロモン72柱の魔神	神・超常存在	66
ソロモン王	人物	66
ダークロード(Dark Lord)	用語	11
ダーナ神族	用語	38,160
太歳星君	神・超常存在	80
平将門	神・超常存在	90
第六天神社	地域・場所・建物	94
第六天魔王波旬	神・超常存在	10,67,76,94,125,126,130,156,160
ダエーワ	用語	58,59,158
他化自在天	地域・場所・建物	76,125,126
堕天使	用語	22,26,124,159
タルタロス	地域・場所・建物	16,18,135,147,159
ダンテ	人物	104,124,143,144,160
チャミアパック	神・超常存在	158
チャミチホロム	神・超常存在	158
チャンドラハース	アイテム	70
ツィツィミトル	神・超常存在	98,159
ツィツィミメ	神・超常存在	98,159
ティアマト	神・超常存在	50,160,161
ティタン神族	神・超常存在	16,159
デーヴァ	神・超常存在	70,158
デーモン	神・超常存在	159
デスポリトカ	神・超常存在	96
テュポン	神・超常存在	18
天国	地域・場所・建物	26,46,104,122,126,142,144,150,153
天使	神・超常存在	22,23,26,42,46,58,66,124,155,157,158
ドゥザク	地域・場所・建物	135,150
道徳的悪	用語	116
ドゥルジ	神・超常存在	58
ドゥルジ・デマーナ	地域・場所・建物	150
トール	神・超常存在	34,123,161
トナティウ	神・超常存在	96
ドラゴン	怪物	22,23,32,50,62,68,160
七つの大罪	用語	28
ナムタル	神・超常存在	54,159
ニャルラトホテプ	創作作品	108,158
ネルガル	神・超常存在	54
バアル	神・超常存在	29,52
蝿騎士団	神・超常存在	160
バズズ	神・超常存在	56
バタン	神・超常存在	157
八大地獄	用語	138,141
ハデス	地域・場所・建物	135,142,143,147,154
パヨカムイ	神・超常存在	92
バラモン教	用語	74,156
バロール	神・超常存在	38,160
ヒンドゥー教	用語	156,161
フォモール族	神・超常存在	38,160
仏教	用語	67,72,74,76,86,120,125-127,129,135-137,140,141,143,156,157,160
ブッダ	神・超常存在	10,67,74,76,125,126,129,156
ブラフマー	神・超常存在	70
フラワシ	神・超常存在	58
ブルケ	アイテム	98
プレーローマ	地域・場所・建物	152
フン・カメーとヴクブ・カメー	神・超常存在	100,154
蛇	怪物	20,22,59,62
ヘル	地域・場所・建物	148,154
ベルゼブブ	神・超常存在	28,29
ヘルヘイム	地域・場所・建物	123,135,148,160
『保元物語』	詩・伝承・古典	88
『封神演技』	詩・伝承・古典	80
疱瘡(天然痘)	用語	92
ポホヨラ	地域・場所・建物	36
『ポポル・ヴフ』	詩・伝承・古典	100,156-158
マーラ	神・超常存在	10,67,74,76,125,129,156
マーレボルジェ	地域・場所・建物	104
魔縁	神・超常存在	88,160
将門の首塚	地域・場所・建物	90,94
魔女	用語	29,36,108
マヤウエル	神・超常存在	98
マヤ神話	用語	100,122,151
マラコーダ	神・超常存在	104,160
マルドゥク	神・超常存在	50,160,161
マレブランケ	神・超常存在	104,160
ミカエル	神・超常存在	23
源頼光	人物	84
ミョルニル	アイテム	34,161
ムシュフシュ	神・超常存在	160,161
ムシュマッヘ	神・超常存在	161
メイヴ	神・超常存在	40
メソポタミア文明	用語	45,52
モーセの十戒	詩・伝承・古典	118
モート	神・超常存在	52
黙示録の獣	神・超常存在	32
モルゴス	創作作品	110
ヤザタ	神・超常存在	58
ヤルダバオート	神・超常存在	42,44,152,154,157
ユカラ(物語)	用語	92
ユグドラシル(世界樹)	地域・場所・建物	148
ユダヤ教	用語	22,26,29,46,118,146,158
ユダヤ人	用語	23,29,42,44,66,153
『指輪物語』	創作作品	110
ヨトゥン(族)	神・超常存在	34,161
ヨトゥンヘイム	地域・場所・建物	34
『ヨハネの黙示録』	詩・伝承・古典	32
黄泉国	地域・場所・建物	82
黄泉軍	神・超常存在	161
黄泉醜女	神・超常存在	82,161
ラー	神・超常存在	64
ラーヴァナ	神・超常存在	70,161
ラークシャサ族	神・超常存在	70,161
ラーマ	神・超常存在	70,161
『ラーマーヤナ』	詩・伝承・古典	70,161
『リグ・ヴェーダ』	詩・伝承・古典	72,156
六道	用語	141
ルー	神・超常存在	38
ルシファー	神・超常存在	26,124,126,143,160
『レメゲトン』	詩・伝承・古典	66
煉獄	地域・場所・建物	135,143-145
ロウヒ	神・超常存在	36
ロキ	神・超常存在	102

萌える！魔王事典

2018年2月24日 初版発行

著者　　TEAS事務所
発行人　　松下大介
発行所　　株式会社ホビージャパン
　　　　〒151-0053　東京都渋谷区代々木2-15-8
電話　　　03（5304）7602（編集）
　　　　　03（5304）9112（営業）

印刷所　　株式会社廣済堂

乱丁・落丁（本のページの順序の間違いや抜け落ち）は購入された店舗名を明記して当社パブリッシングサービス課までお送りください。
送料は当社負担でお取り替えいたします。
但し、古書店で購入したものについてはお取り替えできません。

禁無断転載・複製

© TEAS Jimusho 2018
Printed in Japan
ISBN978-4-7986-1632-2 C0076